其他国外贷援款方卷

国外贷援款项目审计资料选编

审计署外资运用审计司
审计署国外贷援款项目审计服务中心 编著

中国时代经济出版社
China Modern Economic Publishing House

目　录

国际农发基金

国际农发基金财务准则

（2001 年 1 月）

这些财务准则被 1977 年 12 月 15 日召开的理事会第一次会议批准。

理事会 1997 年 2 月 21 日通过第 100/XX 号决议第二段，对财务准则 IV.1 条进行了修订，并于修订日生效。

理事会第 27 次会议通过第 133/XXVII 决议修改了准则 VI.2。

准则一　适用性

这些财务准则应指导基金的财务管理，并应按照协定解释。

准则二　定义

就本准则而言：

（1）“基金”是指国际农业发展基金；

（2）“协定”是指建立基金的协定；

（3）“成员”是指基金成员；

（4）“理事会”是指基金理事会；

（5）“执行委员会”是指基金的执行委员会；

（6）“主席”是指基金的主席或代替主席行事的任何人；

（7）“特别提款权”是指国际货币基金组织的特别提款权。

准则三　财务年度

基金的财务年度应为每年的 1 月 1 日至 12 月 31 日。

准则四　资源

1. 基金的资源将由接受的捐赠以及按照协定第 4.1 条款通过经营或其他方式累积或将累计的资金。

2. 基金的资源应根据协定的规定进行使用。

准则五　放款

1. 捐款可根据以下情况提用：

（1）在期票或承付项款的情况下，放款将意味着托收；

（2）在现金的情况下，放款将意味着现金的使用，而不是营运收入或行政或其他支出。

2. 初始成员在其会员资格因加入协定而正式生效后，其捐款应根据需要先于老成员的捐款进行放款，以达到所有成员放款的比率水平相当。

3. 捐款应根据执行委员会确定的合理时间内按比例放款，以满足未来预期开支需求。在适用比例放款时，应包括尚未被放款的增量捐款部分。

4. 执行委员会应决定对于非初始成员的初次捐款采用这些原则的方式。

5. 就放款的所有考量而言，成员的初次捐款应包括这项捐款的总金额，不论其是否是分期付款。

准则六　行政预算

1. 主席应准备基金年度行政预算，连同详细支持材料递交给执行委员会进而呈交基金管理委员会以获取三分之二以上成员的赞同票。

2. 基金管理委员会投票通过的下一财年拨款将成为对主席按照拨款目的而发生债务及支付款项的一种授权。财年末可以结转下一财年的未指定用途拨款不能超过当年拨款金额的3%。

3. 为了满足基金需求，主席可以在行政预算各类别内重新分配资金。此外，主席也可以在执行委员会批准的情况下，在各类别间重新分配资金。

准则七　预算预测

作为年度预算流程的一部分，主席应该预备基于预计的所有基金收入以及预计的运营计划和支出的中期预算预测以供执行委员会考虑。这些预测的假设应以反映合理的财务规划原理为基础。

准则八　基金投资

1. 主席可以处置或投资无须立即用于基金运营或行政支出的现金资产。

2. 在基金资源的投放上，主席应遵循安全和流动至上原则。在这些限制条件内，主席应以非投机性的方式寻求可能的最大回报。

3. 投资的收入应按照核准预算专门用于弥补基金的行政和其他支出。

准则九　采购和设备、存货控制

设备、存货以及其他基金的必需品应按照主席的规定进行采购和必要时的处理。

准则十　内部控制

1. 要与公认的财务管理和会计核算国际标准保持一致，主席应该：

（1）建立详细的财务规则及程序以确保：

①有效的财务管理和厉行节约；

②对基金实物资产的有效监管；

③所有的付款均建立在相关支持证据的基础上；

（2）指定可以接收现金，发生承付款或债务以及代表基金付款的官员；

（3）建立和维持适当的内部财务控制和审计系统。

2. 除非有主席权力下的适当书面批准，不应该产生承付款或债务以及付款。

3. 主席应在充分调查了解后，经过执行委员会的批准，授权注销现金、存货、设备及其他资产的损失，不包括拖欠的捐款，或贷款、担保协议下的应付款，并应通知执行委员会。

准则十一　账目

1. 主席应促成每年保存的账目都能必然正确反映基金的：

（1）收入和支出；

（2）预算分配的使用；

（3）运营；

（4）财务状况。

2. 会计记录应以主席确定的货币或多种货币以及必要的情况下的特别提款权计量。

3. 基金应在适当的时间段公布其财务状况及运营结果的汇总报表。这些报表以及其他与之相联系的出版物应分发给所有成员。

准则十二　外部审计

1. 基金账目应至少每年由具有资质的独立外部审计师审计一次。外部审计师的任命方式和时间应由执行委员会提议，由管理委员会决定。

2. 审计师应遵循国际通用审计标准，以及审计委员会的具体指引。

3. 外部审计师应对财务程序、会计系统以及内部财务控制的效率进行审计。

4. 管理委员会可以要求外部审计师执行具体任务以及根据结果出具单独报告。

5. 主席应提供外部审计师审计时的工作便利。

6. 执行委员会应在年会上提交管理委员会应由其批准的外部审计师报告、经审计过的基金财务报表，包括通用的资产负债表和损益表。

准则十三　总则

为确保基金的有效监管，主席应不时地制定可能需要的规则、程序及指南来执行上述准则。

国际农业发展基金项目审计指南

（2003年8月）

2003年4月9日获得执行委员会批准。

2003年7月31日修订。

2003年7月31日获得国际农业发展基金主席批准。

本指南必须依据2009年4月获得委员会批准、2010年9月修订的《农业发展融资通则》进行解释。

目　录

附录7：审计人员意见样本/审计报告示范
附录8：管理建议书概要样本
附录9：审计报告状况样本

简写和缩略语

CI	合作机构
FC/L	控制员、贷款与赠款小组办公室
IAS	国际会计准则
MDB	多边开发银行
PFS	项目财务报表
PCU	项目协调小组
SA	特别账户
SAI	最高审计机关
SOE	费用支出报表
TOR	职责范围

前　言

《国际农业发展基金项目审计指南》于2003年4月在执行委员会第78届会议上获得通过，该文件概述了国际农业发展基金在其资助项目的年度审计方面所应遵循的政策和程序。国际农业发展基金的大量项目都涉及与作机构（CI）之间的共同筹资问题，而这些合作机构中有一些已经发布了相关的指南。如果合作机构已经制定了某一领域的相关指南，并且根据合作协议在项目管理方面起主导作用，则应遵循该合作机构的指南。如果对项目进行管理的合作机构没有制定自己的审计指南，则应遵循国际农业发展基金的项目审计指南，此外，所有由国际农业发展基金直接监管的项目也应遵循《国际农业发展基金项目审计指南》。

根据《成立国际农业发展基金协议》第1（1）节第7条及《农业发展融资通则》第9.03（3）节（账目审计）第9条（财务报表编制和信息）中的相关规定，融资收益只得用于贷款或赠款所规定的用途，并且应当定期对所有项目进行审计和证实，这一点至关重要。

遵照这些规定，并且作为国际农业发展基金管理层不断提高国际农业发展基金投资组合质量所做努力的一部分内容，国际农业发展基金尤其强调借款人按时提交年度项目审计报告，并由合作机构和国际农业发展基金的人员对报告进行有效的监督和审议。而且，随着多边开发银行和全球开发界越来越重视增强项目（尤其是捐款者资助的发展项目）的管理、提高透明度和减少腐败，这些要求也变得更加重要。

作为多边开发银行在运作政策、程序和惯例协调工作方面的一个合作组织，国际农业发展基金非常重视与合作机构在相关财务报表编制和审计方面的密切合作。因此，实施这些指南不仅有助于提高审计报告的提交和审议工作，而且也有助于遵照公认的多边开发银行和国际准则增强项目审计和报表编制的一致性。

“借款人”指的是《农业发展融资通则》所涵盖的所有贷款受益者和赠款接受者。同样，“贷款”包括了贷款和赠款。“项目”包括计划在内。

在编制指南期间，我们征求了国际农业发展基金的工作人员、借款人与合作机构代表的意见，并尽可能地将他们的意见纳入到了指南之中。

伦纳特·博格
主席

一、概　述

1.《成立国际农业发展基金协定》第1（3）节第7条要求在适当考虑经济、效率和社会公平的情况下，国际农业发展基金确保融资收益只得用于提供贷款或赠款的目的。国际农业发展基金的《农业发展融资通则》[①] 要求借款人（或项目方）根据贷款文件的具体规定，遵照适当的审计准则，由独立的审计人员在每个财政年度对项目有关账目进行审计，包括费用支出报表（SOE）和特别账户（SA）。

2. 项目评估报告将包含对借款人正确管理财务的能力 —— 包括借款人定期编制财务报表（通常每六个月一次）并每年提交报表进行审计的能力 —— 进行评估的评估结果。[②] 受托的借款人能否正确和及时地提交审计报告对于确保相关项目在其分配的资源内实现既定目标至关重要。审计人员的报告应指出审计过程中发现的任何问题和违法情况，并提出改进建议。

二、审　计

3. 审计是对项目协调小组为执行项目而坚持制作的账簿、交易记录以及财务和

① 第9条 —— 账目审计第9.03（1）节财务报表编制和信息。
② 由合作机构进行的全国范围内财务管理能力评估也能提供借款人这方面能力的相关信息。

其他系统以及项目协调小组[③]制作的反映一定时间段内项目运营情况的财务报表进行事后审查。附录 1 说明了项目审计的一般性原则。审计应由专业会计师进行，旨在：

保证责任；

➢ 为财务报表和其他管理报告提供可信度；

➢ 识别出内部控制和财务系统的缺陷；

➢ 检验是否遵守了与财务事宜有关的贷款协定；

➢ 提出改进建议。

三、审计协议的确立

审计人员能力评估

4. 审计的基础性工作，包括确定借款人所在国审计人员的能力和素质，应在评估阶段予以完成。应特别注意以下问题：

➢ 会计和审计专业的总体状况；

➢ 国家最高审计机关（SAI）的能力和独立性；

➢ 挑选出来的审计人员应遵守公认的会计和审计准则。

5. 应在项目评估阶段完成对借款国审计能力的评估。在谈判贷款事宜之前，应首先明确项目审计工作是由国家最高审计机关（SAI）还是由私营审计公司进行，并就此签订协议。附录 2 给出了评估审计人员能力、选择和任命审计人员的列表。

审计人员的任命

6. 国际农业发展基金通则第 9. 03（1）节（账目审计）第 9 条（财务报表编制和信息）规定了借款人在项目账目年度审计方面需承担的义务。关于按照贷款协议中的要求任命审计人员的时间安排以及提交审计报告的最后期限（通常是在每个财政年度结束后的六个月之内），通常列在国际农业发展基金项目贷款协议第 5 条（财务报表编制和信息）中。

7. 在贷款谈判之前，相关方应与借款人就审计人员的权限和审计安排（包括任何特别的审计要求[④]）进行协商。如有必要，审计人员的任命可以作为评估贷款效率或支付的一个条件。附录 3 包含了国际农业发展基金对项目审计的最低要求。国际农业发展基金的审计要求和审计人员的职责范围对于确保审计人员清楚地了解自

③ 也称为项目执行小组或项目管理小组。

④ 按照《经济与合作发展组织/多边开发银行发展援助委员会参考 —— 良好惯例第 5 号文件：财务报表编制与审计》“单项审计意见通常应包括政府和捐赠者的审计需求，他们应就审计的职责范围达成一致”，审计的范围应详细说明审议根据费用支出报表和特别账户程序所进行的开支的必要性。

己的任务以及制作报告的范围与模式至关重要。附录 4 提供了一组审计人员指南模板。

8. 审计人员不得被任命为管理顾问（例如，为会计系统和控制的设计提供咨询），因为这样可能会造成利益冲突，并且增加其不汇报项目中存在缺点的风险。

9. 在审计人员挑选程序完成之后，被任命的审计公司应发布一份受聘确认书，确认它们接受该任命并简要列出其审计的方法、范围和职责。项目协调小组将签署该文件并将一份聘书回寄给审计人员。附录 5 中附有一份审计聘书的样本。

10. 合作机构批准⑤借款人所雇审计人员的职责范围。虽然合作机构或国际农业发展基金并不禁止其员工根据这些指南向借款人提供建议，但他们不应参与审计职责范围的起草。附录 6 列出了一份项目财务报表（包括费用支出报表和特别账户）审计职责范围的样本。

提交审计报告

11. 在贷款协议中规定的到期日（通常为借款人财政年度结束后的六个月），借款人必须将审计报告提交给合作机构和国际农业发展基金。

审计报告的审议与后续工作

12. 审计报告应包括经审计过的财务报表、审计人员的意见（包括对费用支出报表和特别账户的意见）、管理建议书，以及国际农业发展基金所要求的特别报告。审计人员意见应说明项目财务报表的可接受性或不可接受性，而管理建议书则应详细列出项目的内部控制、程序和惯例可能存在的不足之处，并提出适当的改进意见。附录 7 列出了一份审计人员意见的样本。附录 8 则提供了一份管理建议书的概要。

13. 合作机构从借款人处收到审计人员的报告之后，应确保这一审计是根据国际农业发展基金的要求执行的。尤其需要特别注意审计人员的意见、对遵守情况的审计结果以及管理建议书。

14. 合作机构应该在收到审计报告之后的 30 天内对该审计报告进行审议。如果该审计报告为无保留意见，例如，没有对违法情况加以确认或者没有对项目改进提出任何建议，则合作机构除了向国际农业发展基金提供一份副本而对此予以确认之外，不需要采取任何进一步的行动。

15. 如果审计报告披露了问题或违法情况，则合作机构应向相关的借款人提出建议，并通知国际农业发展基金。合作机构应在收到审计报告后的 45 天内向借款人发出该建议。

16. 如果审计报告为保留意见审计报告、否定意见审计报告或无法发表意见审计报告，则初步表明项目执行过程中存在问题和违法情况。在这种情况下，合作机

---

⑤ 对于国际农业发展基金直接监管的项目，由国际农业发展基金的职员批准审计人员的职责范围。

构向借款人提出的建议应参考审计人员在报告中提出的意见，并对提出的问题寻求解释。

17. 合作机构的工作人员应定期督查项目协调小组提交的财务报表，国际农业发展基金也应及时更新其审计报告监督系统，这一点至关重要。附录 9 提供了一份审计报表格式的样本，可以帮助合作机构和项目协调小组及时做好项目审计状况的记录。

违反国际农业发展基金审计协议的情况

18. 如果某位借款人违反了国际农业发展基金贷款协议第 5 节（审计报告）第 5 条（财务报表编制和信息）中的审计规定，则基金（在与合作机构进行适当的磋商之后）应根据第 12.01（n）节（“基金实施暂停”）第 12 条（基金补救措施）《一般性条件》所规定的制裁手段对该借款人实施制裁。⑥

19. 作为补救行动的一部分，国际农业发展基金应实施国际农业发展基金贷款协议第 6 条（“基金补救措施”），该条款规定：“如果借款人没有按时提交第 5.02 节所要求的审计报告，并且该基金在与该借款人进行适当磋商之后，确定该借款人不可能在此后的合理时间内完成这一工作，则基金……可以挑选自己的独立审计人员来审计与该项目有关的账目。为此目的，该借款人和项目方应在接到要求后，尽快向审计人员提交财务和其他记录，并根据‘一般性条件’第 10.03 节（访问、检查和询问）第 10 条（合作）的规定，给予他们作为基金代理人所应有的全部权利和特权，并在其他方面充分配合相关的审计工作。”贷款协议第 6 条进一步声明：“……基金应在完成审计报告后，尽快将报告传送给借款人。基金应代表该借款人从贷款账户中取出资金，并将该资金用于支付上述审计工作的成本，而借款人特此授权基金取出此类资金。”

---

⑥ “一般性条件”声明：“如果基金没有在贷款协议所规定的时间内收到审计报告，则基金可以全部或部分中止借款人的权利，并从贷款账户中取出资金……”“适用于贷款和担保协议的一般性条件”（IFAD/9）（1978 年 4 月 13 日制定，在 1978 年 4 月 10 至 13 日执行委员会第二届会议上通过）适用于所有经董事会批准的、1978 年 4 月之后和 1978 年 12 月 13 日之前生效的贷款和担保协议，1 – SRI 至 10 – NEP。“适用于贷款和担保协议的一般性条件”（IFAD/9，第一次修订版、第二次修订版和第三次修订版）（1978 年 12 月 11 日制定，在 1978 年 12 月 11 至 12 日执行委员会第四届会议上通过）适用于所有经董事会批准的、1978 年 12 月 12 日之后和 1986 年 9 月 20 日之前生效的贷款和担保协议，包括：11 – MG 至 193 – MO、SRS – 1 – MR、BG – 1 – KE 至 BG – 4 – SO。“适用于贷款和担保协议的一般性条件”（IFAD/9，第四次修订版）（1986 年 9 月 19 日制定，在 1986 年 9 月 16 至 19 日执行委员会第 28 届会议通过）适用于所有经董事会批准的、1986 年 9 月 19 日之后和 1999 年 4 月 28 日之前生效的贷款和担保协议，包括：194BA 至 499 – TN、SRS – 2 – GH 至 SRS – 48 – AO、BG – 5 – UG 至 BG – 30 – UG。“适用于贷款和担保协议的一般性条件”（IFAD/9，第一次修订版、第二次修订版和第三次修订版）（1999 年 2 月制定，在 1998 年 12 月 2 至 3 日执行委员会第 65 届会议上通过）适用于所有经董事会批准的、1999 年 4 月 28 日之后生效的农业发展项目与计划协议，包括：500 – BI、BG – 31 – TD。

附　录

附录1　项目审计的一般性原则

1. 审计工作依据目标、项目活动和预期报告或结果的不同而有很大的差异。它们大致分为三类：

- 财务报表审计；
- 合规性审计；
- 业务审计。

财务报表审计

2. 财务报表审计的目标是为了确定报表是否符合公认的国际会计准则或其他可接受的国家标准。每个审计都针对一段特定的时间段，通常为项目的财政年度，以及项目整个期间的累计账目。财务报表审计负责评估所报告的开支是否符合相关的贷款协议。同样需要特别注意的是根据费用支出报表（SOE）[①] 和特别账户[②]的开支。这种审计是要查明每项单笔开支（它们构成了费用支出报表的总额）是否都得到了适当的授权、符合贷款条款的要求、用途合理、并且借款人文件中对相关事项进行了适当说明和全面证明。

3. 合作结构和国际农业发展基金的控制员、贷款与赠款小组办公室（FC/L）将使用审计结果，并结合项目监督报告中有关费用支出报表领域的任何评审意见，来判断借款人是否应继续使用该费用支出报表的程序。如果有关人员发现开支表中包含不当开支，则要求借款人退还有问题的开支。

4. 如果已经建立了特别账户，则年度审计将核实从特别账户中提款是否得到了适当的授权、是否符合贷款协议的要求。审计将确保特别账户中的年终余额与国际农业发展基金的记录保持一致。

5. 审计人员通常会检查项目的会计体系和其他内部控制体系，包括内部审计，并把之作为财务报表审计的一部分，从而对借款人编制的项目财务报表的可信度发表意见。

合规性审计

6. 合规性审计包括审议、检测以及评估某一机构的控制和运营程序，包括是否

① 费用支出报表是指符合条件的项目开支中某些特定种类已获核实的清单表册，以及那些低于国际农业发展基金和合作机构规定限度并且与借款人提交的支出提款申请附在一起的清单表册。相关证明文件由项目协调小组保留，并可随时供合作机构或国际农业发展基金监察团和独立审计人员审核。

② 特别账户（或循环基金）指的是由项目协调小组建立并持有的一种银行账户，其目的是为了存放经协商同意的、一定数量的启动预付金（由贷款基金提供），它还包括随后由国际农业发展基金提供的补充资金（根据项目协调小组所提交的提款申请书）。特别账户通常都以美元计价，项目协调小组负责在其补充资金申请中附上一份特别账户中的美元余额与项目记录的对账。

符合该机构应遵守的相关规定、合同和法律的要求。

业务审计

7. 业务审计是对某一机构的管理技巧和绩效进行更彻底的检查。业务审计有助于确定执行情况的相关事宜，从而有助于在项目阶段针对出现的执行问题采取迅速的补救措施。业务审计的主要成果是一份对业务效率和有效性提出改进意见的报告，并且尽可能地包括组织的所有重大职能。

管理建议书

8. 在提交审计报告的同时应提交一份管理建议书，③ 这是一份关于组织内部控制和操作程序及其有效性的报告。它是基于正常审计过程中审计人员的审议。

审计意见

9. 审计报告应当包括一份关于财务报表的明确意见书。审计人员的意见可以是无保留意见、保留意见、否定意见或无法发表意见。

10. 无保留意见表明审计人员对财务报表制作的所有重要方面，它的一致性、充分性，对规章制度、法令要求及相应的审计职责范围内规定的任何额外要求（例如，对费用支出报表与基于特别账户的支出的审议）的遵守情况都感到满意。

11. 当审计人员对特定领域持保留态度并且认为不能发表无保留意见，但是分歧的影响、审计范围的不确定性或局限性又不足以形成否定意见或无法发表意见时，审计人员会发布保留意见。审计人员必须在报告中明确说明保留意见的对象及其财务影响。

12. 当分歧对财务报表可靠性的影响是如此的普遍深入和重大，以至于审计人员认为在报告中发布保留意见不足以揭示财务报表的误导性或不完整性时，审计人员会发布否定意见。

13. 当审计人员范围的不确定性或局限性可能产生的效果是如此重大，以至于审计人员不能对财务报表发表意见时，审计人员会发布无法发表意见。

附录2　关于审计人员能力评估、选择与任命的一览表

1. 如果提议的审计人员是国家的最高审计机关，则合作机构与国际农业发展基金的员工（国家的资产组合经理和/或控制员、贷款与赠款小组办公室）应检查关于最高审计机关的以下一般性信息：

➢ 最高审计机关是否属于国际最高审计机关组织（INTOSAI）?

➢ 在预算和人员控制方面，最高审计机关是否独立于项目协调小组以及负责的政府部门?

③ 审计人员可以提供外部控制备忘录，用来替代管理建议书。本指南的附录8里提供了一份管理建议书概要样本。

➢ 最高审计机关是否向项目经理层或项目协调小组报告？

➢ 最高审计机关是否参与项目交易的审批？

➢ 最高审计机关是否参与项目或项目协调小组的内部控制或财务管理系统？

➢ 最高审计机关是否同意任命？

2. 当提议国家最高审计机关为审计人员时，合作机构与国际农业发展基金的员工还应根据先前收到的该国项目审计报告确定以下具体信息：

➢ 最高审计机关是否令人满意地履行了它在先前项目中的职责？

➢ 最高审计机关是否提交了所有应提交的审计报告？

➢ 报告是否及时得到提交？

➢ 审计报告的总体质量是否可令人接受？

➢ 根据合作机构与国际农业发展基金监督任务的调查结果，是否有证明表明审计报告未能确认违法情况或缺陷？

➢ 最高审计机关的建议是否适合于项目里的问题与违法情况？

➢ 最高审计机关是否在随后的审计中对先前的审计结果进行跟踪调查？

3. 如果提议的审计人员是一家私营审计公司，合作机构或国际农业发展基金，或者两者共同应检查借款人的提议是否足够透明和详细，并应在同意选择该公司之前寻求下列问题的答案：

➢ 是否有证据表明审计人员的选择程序是竞争性的，例如，从三到六家合格的公司中进行选择？

➢ 选择是否基于技术评估与财务评估？④

➢ 是否有证据表明审计人员过去有过类似审计的经验，以及类似审计中令人较满意的表现？

➢ 提议的审计人员是否提交了关于公司的令人满意的参考文献和说明性材料？

4. 在提议任命私营审计人员时，借款人应当向合作机构或国际农业发展基金，或者同时向两者提供相关的证明文件，并应回答下列问题：

➢ 公司是否坚持公认的审计准则？公司的审计程序和方法应当确保遵守此类准则。

➢ 公司是否独立于有待审计的项目实体及任命审计人员的人员？

➢ 公司的法律地位是怎样的？这包括诸如合作人的法律地位以及公司章程中的任何有限责任条款。

➢ 是否有任何被任命的审计人员是有待审计的项目实体或政府机构或公共机构

---

④ 技术评估包括公司的记录和专业声誉，审计范围和方法，以及指定进行审计工作的员工的资格与经验。财务评估是对投标人的审计费用报价进行评估，包括全部的支出费用。

的雇员，或者与它们有密切联系？

➢ 审计人员是否能够确定接受任命不存在任何利益冲突或缺乏独立性？

➢ 审计人员是否致力于提供合格的和经验丰富的工作人员，确保及时提交审计报告？特别是：

➢ 审计的人员配备计划是怎样的？

➢ 被任命的工作人员的资格是怎样的？

➢ 被任命的工作人员是否属于专业审计或会计机构，如，特许会计师或注册会计师协会？

5. 在评估公平性与独立性时，借款人（项目方）应当查明项目审计人员是否被项目实体或保护伞组织雇佣，或者担任它的董事，或者与它存在任何财务或业务关系，并且同时担任独立的专业审计人员。

6. 对于需要他们发表意见的会计与控制系统，审计人员不得被任命为负责设计的管理顾问。这种任命会造成利益冲突并增加审计人员可能不报告项目中存在缺陷的风险。

7. 借款人应当确保不得以任何有损独立性的方式确立审计人员费用。

附录3　项目审计的最低要求

1. 在进行贷款谈判时，应向借款人说明国际农业发展基金资助项目的最低审计要求，并应在审计之前向项目审计人员传达该最低审计要求，以确保令人满意地履行要求。

审计的范围与目标

2. 借款人与项目协调小组必须确保合作机构与国际农业发展基金认可的独立审计人员有充分的时间内得到任命，以进行审计工作。这包括在项目执行开始时并在此后定期审查财务管理系统。[⑤]

3. 项目协调小组应遵守公认的审计准则使年度财务报表得到审计。审计人员的报告应当说明使用的准则，以及审计过程偏离这些准则的程度（如果有的话）。

4. 审计报告应当包括一份关于财务报表的审计人员意见明确说明书。这应当包括一份财务报表审计报告和一份合规性审计报告，并且应同时提交一份管理建议书。它还应当包括关于项目遵守贷款协议情况的内容，特别是那些与财务问题有关的协议。如果合作机构与国际农业发展基金认为有必要，可以进行全面的业务审计。

5. 审计人员应审查项目账户，包括年度财务报表、费用支出报表和特别账户，并对这三个方面提出意见。此外，审计报告还应当说明：

---

⑤ 如果认为有必要，审计人员的任命应作为贷款有效性的一个条件。

➢ 会计和内部控制的充分性，包括监督开支与其他财务交易和确保安全监管项目资产的内部审计机制；

➢ 项目协调小组坚持对所有交易进行文件记录的充分性；

➢ 合作机构与国际农业发展基金可能合理要求的任何其他问题。

6. “项目账目”是指项目的财务报表，通常是一个财政年度内的。它们必须说明项目的财务状况并包括：

➢ 资金来源与运用的年度和累计报表，应当分别揭示国际农业发展基金的资金、对应方的资金（政府）、其他捐赠者的资金和受益方的资金；

➢ 资产负债表，应当揭示与资金、固定资产和负债来源与运用报表一致的银行与现金余额。

如果项目包括几个实体，应当对财务报表进行合并。

7. 审计人员的意见应当是关于项目为制作费用支出报表使用程序的充分性，并应当声明根据该费用支出报表从贷款账户中提取的金额是用于贷款协议的目的。

审计方法

8. 在审查项目账目和财务报表时，审计人员应：

➢ 验证公认会计准则得到了一致的运用，并指明任何对这些准则的重大偏离情况，这种偏离对年度财务报表的影响；

➢ 评估监督支出和其他财务交易（承诺、审查、批准、支付与会计）和确保安全监管项目资助资产的会计与内部控制系统的充分性（程序和职责），并记录缺乏控制或需要加强控制的方面；

➢ 确定项目协调小组是否坚持对所有交易进行充分的记录，例如，采购文件、合同、供应商发票、信用证和支付证明，并确定支出得到适当的授权和遵守法律要求；

➢ 验证报表与账目的数字精确性；

➢ 验证提交给国际农业发展基金的费用支付请求根据贷款协议是符合融资条件的，并明确确认任何不合格的开支；

➢ 对购买的重要资产进行实际验证，证明它们确实存在并用于项目目的。

9. 从第二次审计开始，审计人员应跟踪调查项目协调小组根据先前审计结果与建议所采取的补救措施，并报告进度或其他情况。

附录4　审计人员指南

职责范围与聘书

1. 合作机构对借款人聘用的审计人员的职责范围予以批准。合作机构或国际农业发展基金的员工不得参与审计职责范围的起草，尽管不反对他们基于本指南向借款人提供建议。借款人可能希望在职责范围中包含为满足包括贷款人在内的其他筹资人要求的额外审计任务。这些不得以任何方式造成审计报告延迟交付。

2. 本指南不得被视为普遍适用于所有国际农业发展基金资助的项目或项目实体的审计。借款人应当选择他们认为适合于审计的组成部分，并应当向职责范围添加本指南所没有包括的相关方面。指南仅适用于项目、执行机构或金融中介或信用机构财务报表审计的审计人员的任命。它们不是为了特别审计、审核、调查或咨询任命而设计的。

3. 审计人员负责说明对财务报表的意见；制作和向审计人员提交报表的职责属于项目管理层。因此，应当规定将向审计人员提供的年度财务报表和证明文件的形式，同时规定预计的提供时间。

4. 借款人应当说明审计范围，让审计人员能够确定是否存在超出例行审计以外的要求。审计人员应当熟悉项目贷款（或赠款）协议以及与项目审计相关的指南，这一点至关重要。以下是例行审计要求的例子：

➢ 应当遵照公认审计准则进行审计；审计人员应当说明审计没有遵守这些准则的情况；

➢ 审计人员应当评价并验证公认会计准则得到运用的程度并且正在得到一致的运用；审计人员应指明任何对这些准则的重大偏离情况和这种偏离对年度财务报表的影响；

5. 审计人员职责范围的形式与内容可能因各个项目不同而各异；聘书中应当仅包括相关方面。职责范围和聘书应当包括下文列出的内容。

职责范围和聘书内容摘要

6. 摘要应当包括：

➢ 对进行雇佣的项目当局或实体的说明；

➢ 审计人员雇佣期限，即一个财政年度或其他时间期限；

➢ 财务报表和项目管理层提供的用于审计的其他材料的说明与时间；

➢ 审计报告的交付期限；

➢ 应当遵照公认准则进行审计的技术要求；

➢ 聘书的条款；

➢ 可供审计人员使用的项目记录、文件和人员的使用声明；

➢ 关于审计人员提交建议书与工作计划的详细说明。

职责范围与聘书的详细内容

7. 内容应当包括：

➢ 职责范围里应当说明雇佣审计人员的实体以及它是否代表一个更大实体的组

成部分行动或者属于一个更大实体的一部分；

➢ 项目与项目协调小组的法律与一般性说明，应当足够详细，让审计人员能够理解他们的性质、目标与活动。

下列补充信息会起到帮助作用：

➢ 组织结构图；

➢ 高级管理人员的姓名与头衔；

➢ 负责财务管理、会计与内部审计的官员姓名与资格；

➢ 如果有所变动，现有外部审计人员的姓名与地址；

➢ 使用中的信息技术设施与计算机系统的说明；

➢ 最新财务报表、贷款协议、贷款谈判备忘录、项目评估文件，年度工作计划和预算的副本；

8. 要求审计人员提供一份聘书，本指南附录 5 里给出了一份样本。在法律规定了审计人员义务的国家里，这一措施不一定必要；但是，对于借款人、合作机构与国际农业发展基金来说，这种聘书仍然能够提供一定的信息。为避免误解，审计人员应在发表审计意见之前发送聘书，这是符合审计人员与借款人利益的。

9. 如果是连续审计，不必要求审计人员每年发布新的聘书。但是，下列因素可能要求提供新的聘书：

➢ 客户误解审计目标与范围的迹象；

➢ 修订的或特定的雇佣期限；

➢ 项目管理的变动；

➢ 客户项目活动的性质或规模出现重大变动；

➢ 法律要求。

审计人员的职责

10. 审计人员应当做到以下方面：

➢ 为项目、项目协调小组、财务中介或信用机构、或以上所有这些机构提交一份审计包括费用支出报表与特别账户在内的财务报表的建议书，包括根据审计任务确定的审计费用；

➢ 基于财务报表，包括费用支出报表与特别账户以及职责范围里涵盖的其他领域的审计范围与详细情况提供意见，并对前些年的审计建议进行跟踪调查；

➢ 提供一份管理建议书，说明包括内部审计职能在内的项目会计与内部控制系统里确认的任何缺陷，并提出改进建议；

➢ 如果报告的原件是其他语言，提供英语、法语或西班牙语的翻译文件。

费用支出报表（SOE）

11. 审计人员应当验证费用支出报表、会计记录和支持文件，对已完成的工作或购买的商品与服务进行实际检验。审计人员还应当参考合作机构发送给借款人的支付信，确定根据本程序请求的开支支付遵照贷款协议里的条款是符合融资条件的。

特别账户（SA）

12. 审计人员应当验证特别账户里的交易 —— 提款与补充，包括使用的汇率，以及遵照贷款协议使用特别账户资金的正确性。这应当包括在年底时根据项目记录与国际农业发展基金的支付记录检查特别账户的银行结存对账表。

审计人员的更换或轮换

13. 可以建议在几年之后对审计人员进行轮换，但是，考虑到诸如费用、连续性与制度记忆需求，以及借款人国家合格与独立审计人员的短缺，频繁更换审计人员的做法是不可取的。合作机构应当确认更换审计人员的原因。并且还应当定期评估审计人员的绩效。

非例行性审计工作

14. 可能要求审计人员进行下列一项或多项特别审查工作：

➢ 项目资源利用的经济性，效率与有效性；

➢ 计划项目结果的实现情况；

➢ 项目的法律与财务，义务与承诺以及遵守或不遵守的程度；

➢ 系统与程序，如会计、信息技术或计算机系统，以及可能发展不足的业务的改进情况，审计人员在这些方面的意见对于确保有效控制非常必要；

➢ 审计人员可能认为适合报告的其他活动。⑥

附录5　审计聘书样本

致项目管理层（或适当的项目经理）：

1. 您请求我们审计［插入财务报表的名称 —— 例如，截止日期为（年/月/日）的年度资金来源与使用情况以及截止到（年/月/日）的资产负债表］。我们很高兴地通过本信确认我们接受并了解这一工作。我们将遵照［国家名称］的适用审计规章制度进行审计，并对包括费用支出报表与特别账户使用在内的财务报表发表我们的意见。

2. 在对财务报表形成我们的意见过程中，我们将进行充分的检验与审查，以合

⑥ 上述列表并非包括全部，也并非每个项目都必须包括上述所有问题。审计的范围与程度对于各个项目或项目实体来说可能是独一无二的。

理地确保主要会计记录与其他源数据中包含的信息作为制作财务报表的基础是可靠和充分的。我们还将确定财务报表是否适当地传递了这些信息。

3. 由于检验的性质和审计的其他内部局限性，内部控制系统的内部局限性，可能会有一些重大误报未被发现，这种风险是不可避免的。但是，我们期望为您提供一份关于我们注意到内部控制中重大缺陷的单独的审计人员致客户函。

4. 我们希望提醒您，项目管理层负责制作财务报表，包括充分披露相关信息。这包括坚持充足的会计记录与内部控制，选择和运用会计政策，以及保障资产。作为我们审计程序的一部分，我们将要求管理层书面确认向我们提供的与审计有关的事实陈述。

5. 我们应当有权查看所有法律文件、通信，以及任何与项目有关的、我们认为对于审计工作来说必要的信息。

6. 我们期待得到您的员工的能力合作。我们相信他们会向我们提供我们可能要求的与审计工作有关的任何记录、文件和其他信息。

7. 我们的费用应在审计工作进展过程中开出账单，它是基于进行审计工作的员工与其他资源所需要的时间，再加上直接的现金支付。根据职责的程度和审计对员工经验与技能的要求不同，个人的小时收费可能各不相同。

8. 请在随附本函的副本中签名并发送给我们，以确认您了解我们为审计财务报表所进行的安排。

公司名称

[特许会计师，注册会计师或其他经认可专业]

注意：遵照附录4的审计人员指南，职责范围和聘书里可以包括其他项目。

附录6　对项目财务报表和附随的费用支出报表与特别账户进行审计的职责范围

目标

1. 项目财务报表的审计目标是让审计人员能够根据项目财务报表的报告，在每个财政年度结束时对［插入姓名］项目的财务状况和对在截止到［年/月/日］的会计期间内收到的资金与产生的支出情况发表专业意见，包括对费用支出报表和特别账户的意见。

2. 项目账簿和记录提供了制作项目财务报表的基础，项目执行机构［插入名称］一直坚持记录，以反映与项目有关的全部财务交易。

3. 应当遵照［说明基础］进行审计，并且审计应当包括审计人员根据情况认为必要的检验与审查。应特别注意确定：

➢ 所有外部资金的使用都遵守了融资协议里规定的条件，适当注意到了经济性与效率，并且做到了专款专用。相关的融资协议是：[插入贷款协议的名称]。

➢ [政府部门或实体的名称] 提供了对应的资金，并且它的使用遵守了国家或组织的金融规章制度，注意到了经济性与效率，并且做到了专款专用。

➢ 在项目资金之外筹措资金的商品、咨询和其他服务以及建筑工程的获得遵守了融资协议和/或政府规章制度里的规定。

➢ 在所有的项目合资中，坚持记录了所有必要的支持文件、记录与账目，包括通过费用支出报表或特别账户报告的开支。⑦

➢ 特别账户的使用遵守了融资协议里的条款。

➢ 项目账户的制作遵守一贯运用的 [说明基础]，并且对项目 [年/月/日] 的财务状况及截止到该日期的这一年里资金与开支情况提供了真实和公允的意见。

项目财务报表

4. 项目财务报表应当包括如下：

➢ 资金来源与运用的年度和累计报表，应当分别揭示国际农业发展基金的资金、对应方的资金（政府）、其他捐赠者的资金和受益方的资金；

➢ 资产负债表，应当揭示与资金、固定资产和负债来源与运用报表一致的银行与现金余额。

➢ 根据提款申请与支出类别的年度与累计费用支出报表；

➢ 特别账户的对账表；

➢ 如果项目包括一个以上的实体，合并的财务报表。

5. 应当作为项目财务报表的附录附上显示为项目收入的金额与显示为国际农业发展基金支出金额之间的对账表。作为该对账表的一部分，审计人员应说明支付使用的程序 —— 特别账户资金，信用证，特别承诺，补偿或直接支付 —— 并说明支出是否得到了充分的记录或使用了费用支出报表的格式。

费用支出报表（SOE）

6. 除了项目财务报表的审计，审计报告应包括对作为提交提款申请基础使用的费用支出报表的意见。审计人员应根据情况进行必要的检验和审查。应根据相关的金融协议、支付信，认真比较费用支出报表的开支，并在必要时参考项目评估⑧报告作为指导。如果确认提款申请里包括了不符合条件的开支并且得到了支付，审计人员应分别予以指出。项目财务报表应附上一份列表，按照参考号码和金额列出个体的费用支出报表提款申请。根据费用支出报表进行的提款总额应当作为上述国际

---

⑦ 应当注意的是，项目账簿与提交给合作机构与国际农业发展基金的报告应当存在明确的联系。

⑧ 也称为项目评估文件（PAD）。

农业发展基金支出费用总体对账表的一部分。

特别账户（SA）

7. 审计人员还应当审计与项目相关的特别账户[9]的活动，包括授权拨款或首次存款，补充，未用余额可能产生的利息，以及年终结余。审计人员必须就遵守国际农业发展基金程序的程度以及特别账户的年终结余情况发表意见。审计应当检查：（1）在有待审查的期限内从特别账户提款是否符合条件；（2）特别账户遵照相关融资协议的运作；[10]（3）项目内部控制是否充分适合于该支付机制；（4）将本地货币开支换算成美元时是否正确使用汇率。

审计意见

8. 作为对财务报表意见的一部分，审计报告应当包括对费用支出报表和特别账户的意见，说明这些程序可以作为项目贷款支付基础的信赖程度。

管理建议书

9. 审计人员应当提供管理建议书[11]（附录8给出了一份管理建议书的样本大纲），确认项目会计记录、程序、系统和内部控制里存在的缺陷，并提出适当的改进建议。管理建议书还应当包括任何引起审计人员注意并且可能对项目实施造成重大影响的其他重要问题。

附录7　审计人员意见样本/审计报告示范

对以下方面为无保留意见：

1. 项目协调小组/项目执行机构。
2. 项目财务报表，包括费用支出报表。
3. 特别账户。

收信人[12]：

概述

我们已经对国际农业发展基金截止到［年/月/日］和截至该日止同年度贷款号为________的［组织名称，项目名称］的［各个财务报表的名称］进行审计。这些财务报表是［插入借款人的名称］的责任；我们的责任是根据我们的审计对各个财务报表发表意见。

---

⑨ 应为国际农业发展基金的资金和其他捐赠者资金制定并维护单独的特别账户。

⑩ 相关融资协议里提供了项目特别账户的参考。

⑪ 审计人员的报告应当提交给请求审计的实体，通常是借款人或项目执行机构，除非当地规章制度另有要求。

⑫ 审计人员的报告应当提交给请求审计的实体，通常是借款人或项目执行机构，除非当地规章制度另有要求。

范围

我们遵照［说明基础 —— 例如，国际审计准则］和国际农业发展基金的费用支出报表与特别账户要求指南进行审计。这些准则要求我们计划和进行审计，以合理地确定财务报表没有重大误报声明。我们的审计包括在检验的基础上检查证明财务报表里的账目与公布数字的证据；评估项目管理层使用的会计准则和进行的重要估计；以及评估总体的财务报表。我们相信我们的审计为我们的意见提供了一个合理的基础。

意见

我们认为财务报表真实且公允地提供了以下内容：

1. 遵照［说明国际会计准则或相关的国家标准］，截止到［年/月/日］［组织名称］的财务状况，以及在截至该日期年度，其经营结果与现金流。

2. 遵照［说明国际会计准则或相关的国家标准］，［名称］项目在截至［年/月/日］年度中的资金来源与运用⑬。注意，如果需要资产负债表，添加截止到［年/月/日］的“财务状况”；此外，（1）关于费用支出报表，为支持向国际农业发展基金提出的开支支付请示而坚持记录的充足的证明文件；（2）根据国际农业发展基金第________号贷款协议，该费用支出符合融资条件。

3. 遵照［说明国际会计准则或相关的国家标准］和国际农业发展基金指南，［名称］项目在截至［年/月/日］年度中特别账户的财务状况。

［审计公司的名称与地址］

［审计的完成日期］

附录8　管理建议书概要样本

收信人：

我们已经对［项目或实体名称］截至［年/月］年度的财务报表进行审计并发布注明日期为［年/月/日］的报告。在计划和执行对［项目或实体名称］的审计时，我们审查了它的内部会计控制结构，这是为了确定我们的审计程序，说明我们对财务报表的意见，而不是为了保证内部会计控制程序。遵照［国际会计准则或相关的国家标准］，对于它的内部会计控制结构和其运作，我们没有发现我们认为存在重大缺陷的事项。

本报告包括三个部分：

➢ 第一部分包括当前年度提出的现有系统和程序的改进建议。

➢ 第二部分包括以前年度提出的没有得到充分实施的建议。

⑬ 各个项目都要求提供资金来源与运用报表。如果项目包括资产与负债，还要求提供一份资产负债表。

➢ 第三部分包括以前年度提出的已经得到充分实施的建议。（在每项建议后面都指出了管理层的意见。）

本报告仅用于为［项目或实体名称］的管理层和其他人提供信息并供其使用，不得用于任何其他目的。

在今年的审计中，我们注意到［公司或实体名称］已经执行了我们在前一年的报告里包括的大多数建议。关于我们当前的和承前的建议，我们建议管理层继续基于一份最新时间表实施改进。

谨上

［审计公司名称和地址］

附录9　审计报告状况样本

项目号：　　　　　　　　　　协议日期：________________

国际农业发展基金贷款号：　　生效日期：________________

项目名称：　　　　　　　　　项目完成日期：____________

贷款结束日期：____________

首次支付日期：____________

贷款协议的审计要求：________________部分

财政年度期间：________________________________

审计报告的截止日期：__________________________

共同同意的审计人员：独立的/最高审计机关/其他：______

1	2	3	4	5
被审计的财政年度年底结束日期	审计报告应提交日期（年/月/日）	制作日期（年/月/日）	发送给合作机构的日期（年/月/日）	注释

国际农发基金项目采购指南

（2010 年 9 月）

目　录

（十二）引用农发基金之条款

附件

国家体制不适合采购时的方法

定　义

在指南中，下列各词具有如下含义：

1. “借款方”是指贷款协议或其他协议的甲方。

2. “社区”指的是个体或者项目受益人小组、没有法律地位的社区小组、具有法律地位的协会或者小组但作为小组具备或者不具备独立法人资格、小规模工匠和其他小型商业组织、行会、支持和促进农村农业和社会活动的小型当地组织。“社区”可以作为项目活动的采购代理、实施机构，或者物资、工程和相关服务的供应商和合同商。

3. “采购过程”是指从确定需求到合同完成的整个采购周期。

4. “项目管理”是指由借款方执行贷款协议所指的项目管理和实施。它同样指项目/方案和项目协调单位和项目实施单位。

5. “服务”是一个总称，指的是咨询和非咨询服务。

一、引　言

（一）背　景

1. 农发基金协议第 7 章第 2 节规定，执行董事会将采取合适的规则使用基金采购货物和服务，这些修订的采购指南将适用于所有项目和方案，其资金均来源于农发基金，除非另有约定外，还提供补充资金贷款。在 2004① 年 12 月，他们取代采购指南在执行董事会上通过。

2. 农业发展融资的农发基金订正的一般条件（2009 年 4 月）（以下简称一般条件）采用一种新的方法进行采购，其资金来源于农发基金的贷款和赠款，宣称：货物采购，工程和服务经费（农发基金）应当依照规定对借款人/收件人的采购进行规定，以便符合农发基金采购指南。每一个采购计划应当确定程序，必须由借款方以确保与农发基金采购指南相一致。

3. 采用这种方法时，就国家采购系统的利用，农发基金遵循巴黎宣言有关援助

① 2004 年 12 月通过的农发基金采购指南将继续适用于协定批准或在这些修订的准则之前采购指南将继续参与。

实效问题的原则和阿克拉行动议程。

4. 借款方采购规则的使用将始终受到农发基金核查：

（1）这些规定符合国际惯例进行公共采购；

（2）在此过程中，这些规定还包括采购的基本原则和在这个过程中支持国家采购能力的发展；

（3）实际遵守这些原则和国家法律法规的要求。

5. 结果，借款方在实施农发基金贷款项目时，这些修订的采购指南较少关注采购方法的细节，更多关注一般采购原则、标准和政策。

6. 因此，农发基金在监测和评估国家采购规则和程序方面采取更积极的作用，确保它们符合修订的准则，监督项目采购和提供实际支持，该基金将确保采购过程符合商定的国家规则。

7. 农发基金认为借款方的采购系统在任何情况下，全部或部分不符合这些准则，将申请其他采购方法，在第三节及指南的附件中有所说明。

8. 在国际竞争性招标中，唯一例外的是无论国家采购制度或程序的任何评估结果，将总是要采用世界银行采购指南中的采购程序。

（二）目　的

9. 指南的目的是为实施国际农发展基金贷款供资的发项目的实体，提供政策和程序上的指导，供其在采购项目所要求的物资、工程（包括相关服务）和服务②时遵照执行。

10. 为了达到调和目的，这些准则密切配合一般可接受的国际采购原则和操作程序，并配合采购政策和其他发展基金机构的标准。在可行的情况下，他们也考虑农发基金运行和任务的规模和专业性质③。

11. 借款方的权利与义务以及货物、工程和咨询服务的所有供应商是由招标④条件、借款方签署的合同和供应商决定的，而不是由这些准则或贷款协议规定的。对于贷款协议，没有人比当事人更有权利对协议作任何贷款收益声明。

12. 在进行相关项目采购时，这些指南并非旨在提供详细的操作程序。这一信息包含在农发基金工作人员和供借款方使用的采购手册中，这可在农发基金网站（www. ifadorg）查询。

（三）内　容

13. 采购指南包括三个部分：

（1）第一部分包括了指南背景、目的、内容和实用性；

---

② 咨询和非咨询服务。

③ 一般条件所述。

④ 为了达到准则目的，“出价”/“招标”和“投标”/“招标”具有相同的意义。

（2）第二部分概述了适用于农发基金援助的项目或方案的采购原则；

（3）第三部分提供了有关采购安排的信息，概述了在实施中基本标准预期。

（四）适用性

14. 农发基金贷款协议并且农发基金是唯一的资金来源时所授权的发展项目和方案。当采购货物，工程或相关服务时，这些准则适用于借款方开展的任何采购活动。

15. 一些农发基金项目可能涉及与合作机构联合融资，其中一些机构有自己的采购指南。一个有既定的指南的合作机构负责项目管理和代表农发基金的监督，除非农发基金另有约定，合作机构的采购指南通常会遵循农发基金采购指南。没有采购指南的合作机构，农发基金应遵循所有的项目管理，所有项目直接由农发基金监督。

16. 除非融资协议明确规定有偏差外，这些准则均适用。

二、原则　准则

（一）道　德

17. 道德行为的指导原则是公正性、独立性和完整性。

18. 为了个人利益，没有人或实体使用他/她/它的权威，位置或办公地位（这将被定义为招徕）无论以何种接受或以其他方式接受任何物质价值[5]，无论是亲自或间接通过亲属或伙伴的任何形式，这都是由农发基金援助采购的结果。

19. 借款方官员从事采购活动有以下责任：

（1）保持和提高借款方国家的信誉：

①在所有的职业关系中，保持诚实和正直的最高标准；

②发展专业能力的最高标准；

③农发基金和资源是提供给借款方以达到一定的目的，因此，应最大限度地利用好农发基金和其他资源；

④遵循文字和以下精神：

- 融资协议；
- 借款方国家的法律、法规；
- 可接受的职业道德；
- 合同义务。

（2）宣布任何个人的利益可能会影响或可能被他人视为影响公正性。在与他们

---

⑤ 包括，但不限于，礼品，服务，赞美或热情。

职责相冲突的情况下，为避免该行为是错误采购，有关官员不应参与任何形式的采购过程。

（3）尊重在执行任务过程中获取的信息保密，不得使用这些信息为个人利益或为不正当利益的任何招标人、供应商或承包商。在履行职责的过程中信息应当真实，公平和不旨在误导。

（二）责　任

20. 借款方是负责农发基金项目援助采购的所有活动和作相关项目采购的决定。

21. 责任包括，但不限于：

（1）确保资金只用于所资助的项目；

（2）确保采购是根据指南的有关规定开展的。

22. 指南中借款人/受援国义务第三部分 4.09 节进一步明确规定，提出借款方“退还提款报账”的相关条件。

（三）竞　争

23. 供应商和承包商[⑥]全面、公平和正当的竞争是项目援助采购活动的基础。

24. 寻求竞争最常见的方法是通过竞争性投标过程，在这里，农发基金规定所有货物、工程和咨询服务应通过至少涉及三个独立[⑦]供应商或承包商的商议采购过程[⑧]，并且他们的业务与正在进行的采购直接相关。

25. 普遍认为，竞争既不实际也不有效宣传国际低价值货物契约、工程或服务，竞争原则在某种程度上是要求每个采购活动在农发基金采购计划中得到许可。

26. 希望借款方每时都促进真正的竞争，并要求提供有关证据：

（1）公平和诚信的竞争在投标入围名单里；

（2）投标过程中竞争的有效性。

27. 单一来源和直接承包不提供农发基金需要的竞争要素[⑨]。只有在特殊情况下，将考虑农发基金采购计划中的这些办法。

（四）公平性

28. 农发基金要求项目援助采购将向许多合格的投标人开放，为满足竞争要求，这些投标人是农发基金援助的发达和发展中成员国都是可行的。

29. 农发基金期望借款方确保所有潜在投标人是：

（1）管理方法的一致性和法律适用性，采购过程的有关法规和要求；

---

⑥ 见第三部分说明。

⑦ 在这里，“独立”是指供应商或承包商必须：（1）有独立的所有权；（2）彼此之间没有任何联系和往来，没有联盟或附着可能被认为妥协的竞争原则；（3）没有共同的股东或董事。

⑧ “同意”是指采购方法在采购计划得到批准使用上的公认。

⑨ 单一来源/直接承包是指在采购手册中有所说明。

（2）提供一个公平的竞争环境；

（3）以公平、公正和不偏不倚的方式治理，使公正和平等的机会规则在所有采购活动中得以证明。

30. 为了追求采购程序的公平性，农发基金：

（1）不能容忍排斥、歧视或偏见，或对潜在的供应商或承包商存在偏袒或不平等，同时不能容忍直接或间接地操纵采购过程任何环节（包括但不限于技术规范的准备，评价标准或招标要求）。一旦这种活动被怀疑或被证明属实，农发基金有权采取预防措施进行纠正或采取惩罚性行动。

（2）将随时与借款方协商寻求解决任何可能阻止或侵犯采购过程公平的办法。

（五）透明性

31. 在项目采购过程中，农发基金期望有最高程度的透明度和公开性。缺乏透明度可以被视为企图隐瞒信息，从而对采购过程的公平和诚信产生怀疑。

32. 披露[⑩]采购的透明度，在公共领域，关系各方的信息，感兴趣或受过程影响，包括但不限于以下信息：

（1）潜在和现有采购机会的获得；

（2）获得相关数据的地方；

（3）正在进行采购的过程；

（4）授予合同的机制；

（5）合同数据；

（6）上诉程序。

33. 通信/出版物等信息取决于数据的性质，但一般会通过现有的公共信息（如政府网站，公告板或媒体）或在采购文件中有关个人采购活动（例如，招标通知和招标文件）。

34. 借款方必须根据信息随时公开可以预见的举动。

（六）效率性、效益性和经济性

35. 为了避免不必要的执行延误和实现物有所值，农发基金要求借款方证明与项目有关的采购的效率和经济性。

36. 采购必须精心组织。根据指南、原则和规定，认真考虑采购数量、质量和时效性和货物的最佳价格。

37. 过程必须与采购活动相称。为了坚持指导原则，使采购的成本是最小和与正在进行的采购活动的预算相符。

38. 可以通过整合的方法获得效率。例如，一个计划战略方针可以结合采购活

---

⑩ 农发基金认识到，一些国家国内立法信息披露，在这种情况下明确规定在谈判的过程中确保透明原则。

动，以尽量减少时间和资源的损失。因为这个原因，所有农发基金援助项目的设计必须包括采购计划指南三第四部分和有关定义及一般要求。

（七）资金价值

39. 通过多种因素的优化组合，对所有项目的采购活动，以上的都是获得资金价值的需要，包括：

（1）运用通信，国际公认的采购原则；

（2）确保货物、工程或咨询服务的采购符合任务要求并不超额；

（3）为了确保货物、工程或咨询以最有利的条件签订合同，要考虑到他们的预期寿命周期；

（4）为了确保供应商的货物、工程或咨询服务的合格性，有权依法执行采购合同。

40. 最佳价值并不一定意味着最初的最低价格的选择，而是代表最好的投资收益。为了采购合同实现最初目标的总体成功，需要考虑每个采购活动的独特性和具体情况，时间的平衡和实现成本和质量的要求。

三、借款方义务

41. 借款方必须：

（1）根据融资协议的授权，借款方随时按照法律关系实施活动；

（2）全面负责项目实施、项目规划、项目奖励和项目合同管理；

（3）根据相关政策承担所有与项目有关的采购，在指南中制定原则与标准。

42. 农发基金采购程序、文件、评估和奖励建议的审查作为其监督职能的一部分，不能以任何方式免除借款方上述有关义务。

（一）农业发展贷款的一般条件

43. 如指南第一部分（一）所述，考虑到农发基金贷款和赠款新的采购办法，2009 年 4 月，对一般条件进行了修改，这些指南还符合国际捐助界的承诺以增加国家系统[11]的使用。

44. 修订过的一般条件是为了农发基金和借款方更清晰和更容易了解。第九十六届农发基金执行董事会议后，它们适用于所有融资协议项目批准。

45. 特别是采购，一般应关注：

（1）只要认为他们符合农发基金指南，重点放在借款方采购规定的使用；

---

⑪ 例如，有效援助的巴黎宣言，其中农发基金是个签字，申明承诺“增加援助与伙伴国家的优先权，制度和程序，有助于加强他们的能力”［第 3 段（2）］。阿克拉行动议程重申了这一承诺，“在最大程度上加强和利用发展中国家的系统”（第 15 段）。

（2）在项目实施期间，项目采购计划的重要性与借款方遵循的采购程序确保一致。

46. 这两个方面在第三部分（三）和（四）进行了更详细的讨论。

（二）国家采购制度的利用

47. 由农发基金贷款的货物、工程和咨询服务的采购应当符合一般条件的规定，根据借款方采购条例的规定进行，在某种程度上要符合采购指南。为确保符合采购指南，每个采购计划确定的程序必须由借款方组织实施。

48. 因此，这部分论述的是农发基金评估过程，一国的采购制度和法规是否与采购政策、原则和指南规定相符。

阶段1：总体国家评估

49. 在编制国家战略机会方案（COSOP）期间，或一个COSOP过程的缺乏，认为适当，农发基金会同借款方将进行审查现有的数据两个方面：

（1）整体立法和监管框架；

（2）公共采购的国家结构。

50. 这种评估的数据源将根据可用性和信息的完整性和国家组合的整体规模有所不同，但通常包括：

（1）由经济合作组织和发展援助委员会形成的国家采购评估系统的结果；

（2）从其他政府执行机构、捐助者和发展伙伴的最近调查发现；

（3）农发基金项目以往的工作经验。

51. 审查的结果，为了达到一般概述的目的，农发基金在COSOP调查结果内将包括一些高级声明，这些声明不可能是绝对的决定，但在项目设计阶段只会作为起点作更详细的评估。

52. 作为这次审查结果，农发基金得出结论，有许多和/或与评估有关的基本问题，整个国家评估将阐明国家采购制度目前不能采用。

阶段2：具体项目评估[12]

53. 采购效率对良好的项目实施至关重要，以实现项目的目标和可持续性。在项目设计期间，结合借款方，农发基金将对代理或指定机构进行项目采购的全面评估[13]。包括：

（1）现行法律的实际应用水平，法规，规章或程序，包括采购和在某种程度上满足指南第二部分的要求；

（2）接受项目采购的现有人类能力的水平；

---

⑫ 进行项目设计。

⑬ 农发基金将取决于通过其他区域开发银行和合作伙伴提供的评估。

（3）组织和功能；

（4）有关采购的支持和控制系统；

（5）记录保存；

（6）机构或机构的整个采购环境。

54. 采购手册包括问题清单的审查。

55. 由于第二阶段评估的结果，农发基金将这些单方面分成三类：

（1）完全符合要求和适合用于项目采购；

（2）通常与要求一致和可能适用于有修改的项目采购；

（3）不符合要求和认为不适合使用。

（三）发现和结果

56. 基于个别评估发现的结果，农发基金决定国家采购制度可以用于整个、部分或根本没有的程度。这一决定将与借款方共享和在项目设计里反映。

57. 采购方法或做法的法律和监管框架被归为“不符合要求和被认为不适合使用”，农发基金将把这种采购方法作为指南的附件。这些采购方法与其他执行机构，捐助者和发展伙伴是一致的。

58. 对项目采购来说，国家系统的任何方面被认为是“不符合要求和不适合使用的”，结合借款方，农发基金将设推出措施以适用于它的项目和支持借款方，通过管理自有资源满足他们的发展目标。

（四）采购计划

59. 准确和现实的计划以及确定需求的优先次序是进行有效的采购的先决条件，是监测项目实施的重要工具。

60. 在每个项目谈判期间，经与农发基金协商，借款方必须建立一个 18 个月的采购计划，最少来说，必须包括：

（1）在此期间，进行每个采购活动的简要介绍；

（2）每个活动的估计价值；

（3）每个活动采购方法的采用；

（4）审查农发基金方法将为每个活动所采用［采购指南三（八）部分］。

61. 国家采购计划模板的存在要以农发基金同意为宜，则应使用此模板。如果没有这种模板存在，农发基金将采取借款方熟悉的其他国际金融机构的模板，这种模板在其他项目中使用。

62. 要求借款方保持计划经常更新，以反映计划或项目时间表的变化。

63. 所有通过农发基金直接监督的贷款协议，农发基金审查并没有反对采购计划是强制的。

（五）合格性

64. 农发基金贷款只支付采购农发基金成员国国民提供的、成员国生产的或者供应的物资、工程和咨询服务的开支。

（六）国内优惠

65. 经农发基金同意，借款方可以在国际竞争招标采购程序评标过程中，给予以下情况一定的优惠：

（1）借款方国内制造的物资，当将提供这些物资的投标与提供国外制造的物质的投标进行比较；

（2）享受农发基金高度优惠贷款条件的成员国的工程，当将合格的国内合同商的投标与国外投标进行比较。

66. 规定的这种优惠条件，贷款协议将明确指出。

（七）社区参与采购

67. 考虑到农发基金项目的规模和性质，需要有一个高程度的参与社区为基础的采购活动。

68. 需要强调的是，社区参与采购是一个独特的采购方法，因此同样需要坚持指南的所有规则和标准。项目设计人员要保证是简单而可靠的安排并遵守指南，在地方范围内的项目：

（1）文件和记录的翻译从借款方的官方语言到农发基金官方语言可能需要审计和审查；

（2）社会采购活动适当的定期监测和审计，包括项目管理人员和/或中介机构的相关记录；

（3）中介机构和社区的角色和责任定义，包括中介援助一个明确的退出战略完成；

（4）确保资产适当移交。

69. “社区参与”一词，据了解在项目实施过程中社区可以发挥一个或多个的作用。

70. 作为一个与项目直接相关的货物、工程或者咨询服务的供应商，允许社区进行工程或提供的商品或咨询服务，如果：（1）在项目文件里，这是一个现实的模式；（2）即使它不是一个现实模式，但农发基金认为这是一个有效和实用的模式进行采购外部。农发基金还将考虑如培养制，项目活动的可持续性、有效运行和项目维护等因素，还将考虑整个采购风险及回报。

71. 一般来说，贷款协议只授予在它可以证明该社区成功提供商品、工程或者咨询服务。

72. 作为一个供应商，社区：

（1）根据合同，在商业基础上参与；

（2）作为社区的贡献对项目部分或全部利益。

73. 在任何情况下，社区贡献的财务价值和监督方式必须加以量化并得到农发基金同意。

74. 作为执行机构进行项目采购，社区或非正式团体会一起进行项目采购。

75. 在这种情况下，他们的作用包括：

（1）同意采购方法的竞争承包使用；

（2）合同供应商的工程、货物或咨询服务的监督。

76. 项目基础决定的允许程度在工程设计和/或实施手册中作了明确，并在批准的采购计划里得到解释，在采购手册里作为评估的相关因素已进行了说明。

77. 项目的受益社区没有足够的能力来接管和对资金负责或管理采购可靠，可能有必要引入中介代表社区行事。这种中介可能是民间社会组织、合作社、私人实体或其他。

78. 项目管理将确保这些机构有足够的能力履行这些职责。

79. 当民间社会组织或其他实体作为薄弱社区团体的执行机构，在项目设计时将解决以下几个方面：

（1）中介组织法律地位。这包括条例注册（在政府或地方当局），特定行业的功能，有权公共基金负责，并有能力参与项目。

（2）中介的选择。可以通过透明的竞争过程选聘中介机构（如果多于一个中介）或通过唯一的途径直接签订合同（如果只有一个运作中存在的有针对性的社会中介）。

（3）财务可行性和行政能力。中介机构的主要资金来源、工作人员、管理、行政能力和责任，通过独立的审计等，代表项目管理和社区检查以确保安全和安全处理公共资金。

（八）农发基金审查

80. 为确保采购过程符合指南和相互同意的采购计划进行，农发基金将审查由借款方提出的货物采购安排、工程和咨询服务，包括：

（1）合同包；

（2）适用步骤及采购方法；

（3）投标文件；

（4）评标委员会的构成；

（5）投标评审和奖励建议；

（6）起草合同和合同的修改。

81. 从某种程度上来说，这些审查程序将被应用于借款方和采购计划的每个项目或方案中。

82. 审查程序的所有细节，详见采购手册。

（九）错误采购

83. 农发基金将不会为未遵循贷款协议规定的程序进行采购的物资、工程和咨询服务的开支报账。在这样的情况下，农发基金除了在贷款协议下进行补救之外，还包括从贷款账户中取消有问题的款项。尽管合同是在获得农发基金的“不反对意见”之后授予的，如果农发基金认定“不反对意见”是建立在借款方提供的不完整、不准确或者引起误解的信息之基础上，或者在未征得农发基金批准，对合同的条款和条件进行了修改，农发基金仍然可以宣布错误采购。

（十）造假和腐败

84. 农发基金的政策要求农发基金的职员和借款方（包括农发基金贷款的受益人），以及农发基金供资合同的所有投标商、供货商、合同商和咨询专家，在采购和履行合同期间，遵循最高的道德和诚实标准，这一立场在农发基金采购政策中已经得到明确，意在预防在活动和操作中造假和腐败[14]（以下简称：反腐政策）。根据这项政策，农发基金：

（1）如果农发基金认定推荐授予合同的投标商或者咨询专家，为了竞争所涉及的合同，已经直接地或者通过中间人参与了腐败、造假、共谋或者恐吓行为，农发基金将拒绝授予合同的建议[15]。

（2）如果农发基金认定借款方的代表或者贷款受益人，在采购期间或者实施合同期间的任何时候，参与了腐败、造假、共谋或者恐吓行为；借款方未能及时采取令农发基金满意的适宜补救行动，农发基金将取消贷款中计划用于物资、工程或者服务合同的部分款项。

（3）如果农发基金在任何时候认定，该个体或者公司已经直接或者通过中间人，为了竞争或者实施农发基金供资的合同，参与了腐败、造假、共谋或者恐吓行动，农发基金将制裁（包括宣布不合格的可能性）个体或者公司，永久或者一定时期内不得被授予农发基金供资的合同。

（4）将拥有权利要求由农发基金贷款供资的投标文件和合同中包括一项条款，即要求供货商、合同商和咨询专家允许农发基金检查其与投标和履行合同相关的账务、记录和其他文件，并允许农发基金指定的审计员进行相应的审计；

（5）不合规做法的任何情形，国家有关部门对欺诈和腐败[16]要作进一步的调查；

---

⑭ 在采购活动和操作中（EB2005/85/r.5/Rev.1），农发基金防止欺诈和腐败可在农发基金网站www.ifad.org获得。

⑮ 如一般条件所定义。

⑯ 如农发基金反腐败政策不时修订的定义。

（6）在任何情况下，一旦确定有不合规做法，制裁将被认为是必要的。

85. 在征得农发基金的同意之后，借款方可以在农发基金供资的合同标书中，包含投资商或者咨询专家的一项承诺，即在竞争和实施合同中，将遵守列入招标文件中或者征集建议中的国家反造假和反腐败（包括受贿）法律。⑰ 如果借款方提出，农发基金将接受包括这些内容的要求，如果履行承诺的安排令农发基金满意。

（十一）解决争议

86. 如果农发基金及其借款方发生争议，将适合使用14.04部分的一般情况。

87. 借款方和投标方或承包商之间发生争议，在投标文件、国家合同和/或国家法律中应该概述解决争议的处理过程。在这此种情况下，农发基金将不被认为是仲裁员或仲裁员。

（十二）引用农发基金之条款

88. 如果借款方希望在采购文件中引用农发基金，应该使用以下语言：

[借款方或者其指定代表名称] 已经获得（或者有些情况下“已经申请了”）国际农业发展基金的贷款，各种货币相当于________，用于 [项目名称] 的费用，并计划使用本贷款的部分收入支付本合同项下的合格开支。只有由 [借款方或者其指定代表] 提出申请，在国际农业发展基金批准之后，国际农业发展基金才能付款，这种付款需要在各方面满足贷款协议的条件和条款。贷款协议禁止从贷款账户中提款，用于支付任何个人或者实体，或者任何进口物资，如果就农发基金所知，这种付款或者进口被联合国安理会根据联合国宪章第七章规定做出的决议所禁止。除了 [借款方名称] 之外，任何一方均不得从贷款协议获得任何权利，或者从贷款收入中要求任何权利。

附　件

国家体制不适合采购时的方法

1. 农发基金认为借款方国家采购方法或做法的法律和监管框架全部或部分不符合要求和认为不适合使用时，本附件列出了各种不同采购方法可供选择⑱。

2. 采购阶段，个人采取步骤的细节在采购手册板块中作了进一步的阐述。

国际竞争招标

3. 国际竞争招标（ICB）是适合于高价值采购，并对国际商业界有吸引力的采

---

⑰ 一个例子可能是：在合同竞争（执行）中，我们承诺在（买方）（雇主）的国家，我们将严格遵守法律反对欺诈和腐败，此法律已在（买方）（雇主）招标文件合同阐明。

⑱ 这同样适用于货物、工程和咨询服务。对于顾问服务，也有一些方法的选择（例如基于质量和费用的选择，基于咨询师资格和成本最低的选择），这些方法决定评价和奖励的过程，这在采购手册中已作进一步讨论。

购方法。国际竞争招标的目的是，正如此节所描述，及时并充分向在借款国内外运营的所有可能投标商通告借款方的要求，为所需要的物资和工程，提供同等的投标机会。

4. 国际竞争招标在可行采购计划里的采购方法得到了明确，世界银行在指南中制定的采购方法将会得到应用。

有限国际招标

5. 有限国际招标（LIB）实质上是无公开公告的直接邀请国际竞争招标。可能是适宜的采购方式，如果：

（1）合同金额少；

（2）供货商或者合同商有限；

（3）由于其他特殊原因的存在，证明不能采用国际竞争招标全程序的合理性。

6. 在有限国际招标中，借款方应该在可能的供货商或者合同商的清单中寻求投标，而该清单应该足以确保竞争性价格，如果供货商和合同商数量有限，该清单要包括其所有。在有限国际招标的评标中，国内优惠不适用。除了公告和优惠之外，所有其他方面，国际竞争招标程序适用于有限国际招标采购，包括公布授予的合同。

国内竞争招标

7. 国内竞争招标（NCB）是一般用于借款国内进行公共采购的竞争性招标程序，可能是采购物资或者工程最有效和最经济的方式，就其性质或者范围而言，不太可能吸引国外的竞争。

8. 在预计国外投标商不会感兴趣的采购中，国内竞争招标可能是适宜的采购方法，因为：

（1）合同价值小；

（2）工程时空跨度大；

（3）工程系劳动密集型；

（4）当地的物资或者工程价格低于国际市场。

9. 当国际竞争招标的优越性明显低于其涉及的管理或者财务负担时，也可以采用国内竞争招标程序。

10. 国内竞争招标采购公告可限于国内媒体、借款方政府的官方公报，或者可能的话，在免费公开的网站上发布。招标文件可以采用借款国[19]的官方语言，招标和付款通常采用当地货币其程序要提供足够的竞争，以确保合理的价格，评标和授予合同所采用的方法要客观，并为所有投标商所知晓，况且不得擅自任意滥用。程

---

⑲ 如果需要的话，翻译成农发基金语言之一或合作机构的官方语言。根据农发基金一般条件 15.02 条款（报告语言），商定的语言将在贷款协议中指定。

序将包括公开开标、公布评标结果和合同授予结果，以及投标商申述的条款。除此之外，招标文件将就如何投标、如何报价、投标的地点和时间，提供明确的指示。要给予足够的时间，准备投标回应和投标。如果合格的国外公司在这些条件下希望参与，将允许其参与。

国际或者国内询价采购

11. 国际或者国内询价是一种采购方法，需要比较几个供应商或者合同商（一般至少是三家）的报价，以确保价格的竞争性，是采购值小成品现货或者标准规格的商品，或者价值低的小型工程较合适的方法。征集报价通知应该详细描述物资以及其数量，期望的交货期（或者完工期）和地点。可以通过邮件、电子邮件或者传真报价。对报价的评审要遵循竞争的原则。接受报价的条件要纳入购买订单或者简要合同之中。

12. 在国际询价采购中，购买方将从至少两个不同国家中的三家供货商寻求报价。当所需要的物资在借款方国内，一般可以从一个以上渠道以具有竞争性价格获得时，可以采纳国内询价采购。

直接签订合同

13. 无竞争直接签订合同（单一或者唯一来源选择）可能是合适的选择方法，由于其非竞争性，它仅被用于表明农发基金协议和在以下特殊情况下许可：

（1）根据农发基金可以接受的程序授予的现行物资或者工程合同，可以延长以提供性质类似的物资或者工程，最大达到原定合同价值的25%，但需农发基金的预先批准，况且，进一步竞争也不可能带来任何优势，延长合同的结果合理。如果早期考虑有延长的可能，在原定的合同中就应该包括延长的条款。

（2）标准化的车辆、设备或者配件，以确保与现有车辆、设备或者机械匹配，可以证明从原供货商进行额外采购的合理性。要使这种购买合理，原有的车辆、设备或者机械应该合适，新采购物资的数量要低于现有数量，价格应该合理，应该已经考虑过另外一个品牌或者来源的设备的优势，并以农发基金可以接受的原因而拒绝。

（3）所要求的设备属专利产品，只能从一个来源获得。

（4）负责工艺设计的合同商，要求从特定供应商处购买关键部件，作为其性能担保的条件。

（5）在特殊和紧急情况下，如自然灾害，民族冲突或国家对自由市场和企业有限制，从原定供应商处购买也是合理的。

14. 在没有其他方法可供选择的情况下，从借款方处直接签订合同要求必须附有详细的理由，并且农发会仔细检查以确保是满意的。

从商品市场采购

15. 在给定时间段，商品的市场价格随着供需而波动，比如粮食、动物饲料、烹调油、燃料、化肥、农药和金属。很多这类商品的价格报价均出自现有商品市场。采购通常涉及分批分量授予合同，以确保供应安全，在一段时间内多次采购，可以利用市场条件的优势，并保持低量库存。可以建立预审合格的投标商清单，并定期向其发出邀请。可以邀请投标商提供送货时或者送货前与市场价格相关的价格。报价有效期应尽量短。可以应用单一货币投标和付款，通常市场上以该货币为商品定价。在标书中要具体规定币种。投标文件可允许电传或者传真报价，如果对投标担保没有要求，或者如果预审合格投标商已经提供了一段时间内持续的投标担保。采用市场上通用的合同条件和格式即可。

自营工程

16. 自营工程[20]—— 即应用借款方的人员和设备开展工程建设 —— 可能是建设一些类别的工程唯一可行、有效和经济的方法。农发基金没有反对声明，自营工程是可以采用的，如果：

（1）涉及的工程量预先无法界定；

（2）工程量小而分散，或者处于边远地区，而合格投标商不太可能以合理的价格投标；

（3）工程建设要求不能中断正常的活动；

（4）由借款方承担不可避免的工程中断的风险，要优于由合同商承担。

（5）有紧急情况需要及时引起重视，比如自然灾害、民族冲突或者对自由市场和企业有限制的国家。

17. 一旦采用自营工程，农发基金需要得到保证，当地自营工程单位有人员和设备，并组织以合理的价格快速开展工程建设。

18. 道路的维护和小修是应用自营工程的一个典型例子。没有管理和财政自治的国有建设单位被视为一个自营工程单位。自营工程也可以用于专业化的非咨询服务，为了国家安全，借款方的法律允许由政府机构提供的这些服务（即航空测绘）。

从联合国机构采购

19. 有需要从联合国专门机构采购的这种情况 —— 这些机构可以作为供应商并要求按照其机构的程序 —— 可能是采购相对量小，买来就可用的物资最为经济和有效的方式。应用这种机构作为供应源，以及项目子项目和需要从该渠道采购的物资或者工程的类型，均应在借款方和农发基金的贷款协议中明确。

---

[20] 自营工程也被称为直接劳动、部门力量或直接工作。

联合国开发计划署

中华人民共和国政府与联合国开发计划署之间的协定

中华人民共和国代理常驻联合国代表

特命全权大使

赖亚力先生

阁下：

我荣幸地提及中华人民共和国政府和联合国开发计划署今天签署的关于开发计划署对中国政府发展项目提供援助的协定，并收到阁下今天的来信正式列出缔约双方对本协定的一些谅解，来信全文如下：

“我荣幸地提及中华人民共和国政府（以下称中国政府）和联合国开发计划署（以下称开发计划署）今天签署的关于开发计划署对中国政府发展项目提供援助的协定。

“我荣幸地将我国政府对本协定的规定的谅解记载如下：

“1. 尊重中华人民共和国国家主权为本协定各项规定所必不可少的基本原则。

“2. 中国政府目前无意要求或请求开发计划署以联合国志愿人员或业务专家提供服务的形式给予援助。因此，除非中国政府请求这类援助，在此之前，本协定有关此类援助的规定不予生效。

“3. 中国政府目前无意请求开发计划署提供以国际原子能机构（原子能机构）为执行机构的此类性质援助，因此，除非中国政府请求这种性质的援助，在此之前，本协定提及该机构的各项规定不予生效。

“4. 协定第六条的解释应参照开发计划署理事会、联合国大会、经济及社会理事会这三个对开发计划署负有责任的政府间机构的决议和决定。任何这些决议或决定如与第六条有不一致之处，应以决议或决定为准。

“5. 如中华人民共和国的一个政府合作机构经指定为开发计划署援助的执行机构，该项安排的规定和条件应另订协定或项目文件予以载明。

“6. 根据第三条第8款（4）项的规定，开发计划署应将它同其他国家签订的类似协定而取得的知识产权通知中国政府；此项规定应于开发计划署建立传播此类资料的普遍系统时开始适用。

“7. 双方将来应在对双方都适当的时间审查《协定》中关于特权和豁免的条款。

“8. 关于第十二条，应认真作出努力以谈判及调解方式达成解决办法，在此之前，不应交付仲裁，且在审议经过下列调解程序后所提出的报告之前，任何一方不应着手进行仲裁程序：

每一当事方应指派调解员一人，该两调解员应指派第三人担任主席。如在请求调解三十天内，任何一方未指派调解员，或在两名调解员指派后十五天内，未能指派第三名调解员时，任何一方可请求联合国秘书长指派调解员一人。调解程序应由调解员自行制定，调解员估计的费用应由当事双方负担。调解员可就和解办法提出建议，除非在调解过程中达成解决办法，调解员应提出一项报告。当事双方应对调解员在调解过程中或报告内提出的任何结论、提议或建议，给予认真考虑，并应设法达成一项解决办法。如在调解员提出报告后三十天内，无从获致解决办法，任何一方可依照协定第十二条的规定，将争执问题提交仲裁。在不影响第十二条规定的相互义务情况下，中国政府在任何调解或仲裁的程序中，可指定一个机构或当局为其代表。

“如果开发计划署也有上述谅解，我荣幸地建议本函及你的复函应成为一项记录双方对本问题谅解的协议。

“顺致最崇高的敬意。”

我荣幸地通知阁下，上述谅解也是开发计划署的谅解。因此，开发计划署同意，阁下的来函和这封复函应成为缔约双方对本问题谅解的一项协议。

顺致最崇高的敬意。

开发计划署署长

布雷德福·莫尔斯

一九七九年六月二十九日

中华人民共和国政府与联合国开发计划署之间的协定

鉴于联合国大会设立了联合国开发计划署（以下简称开发计划署），以支持和辅助发展中国家自己努力解决其经济发展最重要的问题，并促成其社会进步，提高生活水平；

鉴于中华人民共和国政府（以下简称中国政府）有意请求开发计划署援助，以增进其人民的利益；

为此，中国政府与开发计划署（以下简称缔约双方）本着友好合作的精神，订立本协定。

第一条　本协定的范围

1. 本协定载列开发计划署及其执行机构协助中国政府执行其发展项目，以及开发计划署的这种援助项目在执行时所应遵守的基本条件。本协定适用于开发计划署的所有这种援助，也适用于缔约双方为了规定这种援助的细节，或为了进一步详细规定缔约双方和执行机构按照本协定对这种项目分别承担的责任，而订立的项目文件或其他文件（以下简称项目文件）。

2. 开发计划署根据本协定提供的援助，应以中国政府提出并经开发计划署核定的请求为限。此项援助应向中国政府或其指定的实体提供，并应按照开发计划署主管机关各项可以适用的有关决议和决定提供和接受，但须以开发计划署获得必要的资金为条件。

第二条　援助的形式

1. 开发计划署根据本协定向中国政府提供的援助，可以有下列各种形式：

（1）咨询专家、顾问包括顾问公司或顾问组织的服务：专家、顾问包括顾问公司或顾问组织由开发计划署或有关执行机构选定，并向开发计划署或有关执行机构负责；

（2）业务专家的服务：业务专家由执行机构选定，以中国政府公务员身份或以中国政府依照本协定第一条第2款指定的实体的职员身份，担任业务、行政或管理性质的职务；

（3）联合国志愿人员（以下简称志愿人员）的服务；

（4）在中华人民共和国（以下简称中国）境内不易得到的设备和供应品；

（5）讨论会、训练方案、示范项目、专家工作组和有关活动；

（6）奖学金、研究金或类似的安排：在这些安排下，由中国政府提名并经有关执行机构批准的人选可以进行学习或接受训练；

（7）中国政府与开发计划署商定的任何其他援助形式。

2. 中国政府应通过开发计划署派在中国的驻地代表［参看本条第4款（1）项］，并按照开发计划署规定的申请方式和程序，向开发计划署提出援助的申请，中国政府应向开发计划署提供一切适当的便利和有关的资料，以便评审这项申请，对于投资性的项目，并应表示采取后续行动的意愿。

3. 开发计划署可以在其认为适宜的外界协助之下，直接向中国政府提供援助，或通过在开发计划署援助项目的执行上负有主要责任和为此目的的具有独立订约者地位的执行机构，提供这种援助。开发计划署直接向中国政府提供援助时，本协定中所称执行机构，除上下文显示另有所指者外，应视为指开发计划署而言。

4.（1）开发计划署可以在中国设立常驻代表处，由驻地代表主持，代表开发计划署驻在中国，并作为开发计划署与中国政府之间一切有关开发计划署事务的主要联系渠道。驻地代表代表开发计划署署长，对开发计划署在中国境内执行的计划的各方面，担负全部责任，具有最高权力。对于联合国其他组织驻在中国的代表而言，驻地代表为集体工作的领导人，但应顾及各代表的专长，以及他们与中国政府各有关机关的关系。驻地代表代表开发计划署与中国政府各有关机关，包括中国政府的外援协调机构，保持联系，并应将开发计划署的政策、准则和程序，以及联合国的其他有关计划，通知中国政府。必要时，驻地代表应协助中国政府拟订开发计划署国别计划和项目的申请书，以及有关变更国别计划或项目的建议，确保开发计划署通过各执行机构或该署顾问提供的一切援助取得恰当的协调，必要时协助中国政府使开发计划署的活动同在中国境内执行的国家、双边和多边计划取得协调，并执行署长或执行机构委托的其他职务。

（2）开发计划署驻中国的代表处，由开发计划署斟酌妥善执行职务的需要，设置其他工作人员。开发计划署应将代表处成员及其家属姓名，以及各人身份的变动，随时通知中国政府。

第三条　项目的执行

1. 中国政府应继续对开发计划署援助的发展项目，以及实现有关项目文件所述的目标负责，并应执行本协定和各项目文件所规定的项目的各部分。开发计划署承诺，依照本协定和项目文件中的工作计划向中国政府提供援助，并协助中国政府实现其投资后续行动的意愿，以配合和辅助中国政府在各项目中所分担的工作。中国政府应将直接负责参加开发计划署各援助项目的中国合作机构通知开发计划署。在不妨碍中国政府对项目所负全面责任的情况下，缔约双方可以商定由一个执行机构与该合作机构协商，并在取得其同意后，承担执行项目的主要责任，为此商定的任何办法，以及如在项目执行期间向中国政府或其指定的实体移交此种责任的任何办法，均应在项目文件所包括的项目工作计划中予以规定。

2. 中国政府应事先履行经双方同意为开发计划署援助某一项目所必须或应有的任何义务，这是开发计划署和执行机构履行他们对该项目的义务的条件。如果未事先履行这类义务而开始提供援助时，开发计划署可以停止或暂停该项援助，但在停止或暂停援助之前，应先通知中国政府。

3. 中国政府与执行机构之间就执行开发计划署援助项目订立的任何协定，或中国政府与业务专家之间订立的任何协定，均应遵照本协定的规定。

4. 合作机构应斟酌情况，并与执行机构协商，为每一项目指派一名专任经理，以执行合作机构指派的任务。执行机构应斟酌情况，并与中国政府协商，委派一名首席技术顾问或项目协调专员，对执行机构负责，在项目一级监督执行机构在该项目中所分担工作。他应监督并协调专家们和执行机构的其他工作人员的工作，并负责中国政府对口人员的在职训练。他应负责管理和有效利用开发计划署资助的一切投入，包括对项目提供的设备。

5. 咨询专家、顾问和志愿人员在执行职务时，应与中国政府或其指定的人员或机构密切协商，并应遵守中国政府针对各该人员职务性质和所提供援助而发出的指示，以及开发计划署、有关执行机构和中国政府共同商定的指示。业务专家专对中国政府或指定服务的实体负责，只接受中国政府或指定服务的实体的领导，但不得要求他们执行与其国际身份不相符的或与开发计划署或执行机构的宗旨不相符的职务。中国政府同意每一业务专家开始任用的日期，应与他同有关执行机构所订合同的生效日期一致。

6. 领取研究金的人员应由中国政府提名，并由执行机构选定。此种研究金应按照执行机构的研究金政策和办法管理。

7. 开发计划署资助或提供的技术性和非技术性设备、材料、供应品以及其他财产均属于开发计划署所有，但通常应按照中国政府与开发计划署共同商定的条件，将其所有权转让给中国政府或其指定的实体。

8. 关于各项发明、发现的专利权、版权和其他类似权利：

（1）凡是明确单纯由于开发计划署根据本协定提供援助而产生的发现或著作，其专利权、版权和其他类似权利，均为开发计划署所有。

（2）中国政府只需向开发计划署发出通知，即有权在中国境内使用和利用，而免交权益费或任何类似费用，并可按照其认为适当的条件，颁发使用和利用的执照。

（3）开发计划署只需向中国政府发出通知，并注意到中国政府的意见，即有权颁发在中国境外使用和利用的执照。

（4）开发计划署应将其根据同别国订立的类似协定而取得的一切发明、发现的专利权、版权和其他类似权利，通知中国政府。

（5）中国政府根据本协定所享的利益，不得低于任何其他国家根据开发计划署同该国订立的任何类似协定所享的利益。

第四条　项目的有关资料

1. 中国政府应就开发计划署援助的项目、项目的执行、项目的继续可行性和正确性，以及中国政府依照本协定或项目文件履行义务的情况，向开发计划署提出其所要求的有关报告、地图、账目、记录、说明、单据和其他资料。

2. 开发计划署保证，依照本协定进行的援助工作，其进度应经常通知中国政府。任何一方有权在任何时候视察开发计划署援助项目的业务进展情况。

3. 中国政府应于一项开发计划署援助项目完成后，经开发计划署要求，向开发计划署提供关于该项目产生的实益以及为进一步实现该项目而进行的工作的资料，包括为该项目的评价或开发计划署援助工作的评价所需的有关资料，并应为此目的与开发计划署协商和容许开发计划署视察。

4. 中国政府依照本条规定须向开发计划署提出的任何资料或材料，如经有关执行机构要求，中国政府应向执行机构提供。

5. 缔约双方应斟酌情况，就有关开发计划署援助项目的资料或该项目产生的实益的资料的发表问题，进行协商。开发计划署可以向可能的投资者发表有关任何投资性的项目的资料，但须经中国政府同意。

第五条　中国政府对项目执行的参加和贡献

1. 中国政府依本协定履行其参加和合作执行开发计划署援助项目的义务时，应按照有关项目文件的详细规定，做出下列实际贡献：

（1）当地的对口专业人员和其他人员的服务，包括业务专家的中国对口人员；

（2）中国境内可以利用或提供的土地、房舍、训练设施和其他设施；

（3）中国境内可以利用或提供的设备、材料和供应品。

2. 开发计划署对中国政府的援助包括提供设备时，中国政府应支付此种设备的海关结关费用、自进口港至项目的所在地的运费、附带的装卸、堆栈及有关费用、运抵项目所在地后的保险费及其安装费和维修费。

3. 中国政府也应支付学员和领取研究金人员在研究期间的工资。

4. 如经项目文件如此规定，中国政府应按照该项目文件中项目预算的规定，向开发计划署或执行机构直接或间接支付为提供本条第 1 款中所列各项物品所需的款项，执行机构则应获得必需的物品，并每年向开发计划署报告依本款规定所支付的任何开支。

5. 依照上款规定付给开发计划署的款项，应划入联合国秘书长为此目的指定的账户，并应按开发计划署适用的财务条例管理。

6. 项目预算中所列中国政府对项目贡献的各项物品的费用，以及中国政府依照本条例所应支付的任何款项，均应视为根据编制该项目预算时所得最确实资料拟订的估计款。必要时，这些款项应予调整，以反映其后购置上述各项物品的实际费用。

7. 中国政府应斟酌情况在各个项目所在地展示适当的标志，表明该项目为开发计划署和执行机构授权的项目。

第六条　以当地货币支付的分摊计划费用和其他各项费用

1. 除第五条所述贡献外，中国政府应协助开发计划署的工作，按照有关项目文件规定的数额或开发计划署同中国政府充分协商后，依照其理事机构的有关决定另行决定的数额，参加或安排支付下列当地费用或服务：

（1）派往中国境内为各项目服务的咨询专家和顾问的生活津贴；

（2）当地行政和事务人员的服务，包括必需的当地文书人员、口译、笔译人员以及有关的助理人员；

（3）工作人员在中国境内的公务交通费；

（4）公务邮电费。

2. 中国政府对各位业务专家，也应比照中国国民担任这种职位时所领薪酬，直接支付薪酬、津贴和其他有关报酬。中国政府给予业务专家的事假和病假，应与有关执行机构给予其工作人员的假期相同，并应作出必要安排，准许他根据他在有关执行机构服务所享有的权利，回原籍度假。如中国政府在某种情况下解除业务专家的职务，以致执行机构根据所订合约必须向他支付补偿金时，中国政府应分担此种离职偿金的费用，其数额比照同级中国公务员或类似工作人员在同一情况下解除职务时应领的离职偿金。

3. 中国政府承诺实际提供下列当地服务和便利：

（1）必需的办公室和其他房舍；

（2）对国际工作人员提供中国公务员可以得到的医疗设施和服务；

（3）对志愿人员提供有适当家具的简单住所；

（4）协助国际工作人员寻找适当住房，并比照中国同等级公务员的条件，向业务专家提供住房。

4. 中国政府也应分担开发计划署驻中国代表处的维持费，每年向开发计划署支付缔约双方商定的一整笔数额，充作下列开支：

（1）一个适当的办事处，连同设备和用品，作为开发计划署设在中国的地方总部；

（2）当地适当的文书和事务人员，口笔译人员以及有关的助理人员；

（3）驻地代表及其工作人员在中国境内的公务交通费；

（4）公务邮电费；

（5）驻地代表及其工作人员在中国境内出差期间的生活津贴费。

5. 以上第 4 款所述的各项便利，除（2）、（4）两项外，中国政府可以选择以实物方式提供。

6. 依照本条规定应付的款项，除第 2 款所述款项外，应按第五条第 5 款的规定，由中国政府支付，并由开发计划署管理。

第七条　与来自其他方面援助的关系

缔约一方如从其他方面获得对执行某一项目的援助，缔约双方和执行机构应相互协商，以期有效协调和利用中国政府从各方面得来的援助。中国政府依照本协定负担的义务，不因中国政府与合作执行某一项目的其他实体订立任何安排而改变。

第八条　援助的利用

中国政府应尽最大努力对开发计划署提供的援助作最富成效的利用，并应按照援助的原定目的利用这种援助。在不限制上述的一般性准则下，中国政府应采取项目文件内规定的步骤，来达到这个目的。

第九条　特权和豁免

1. 中国政府对联合国及其机构，包括开发计划署和担任开发计划署执行机构的联合国附属机构，其财产、资金和资产，其官员，包括开发计划署驻中国代表处的驻地代表和其他成员，应给予《联合国特权和豁免公约》所规定的特权和豁免。

2. 中国政府对担任执行机构的每个专门机构、其财产、资金和资产，其官员，应给予《专门机构特权和豁免公约》，包括该公约对此种专门机构适用的任何附件，所规定的特权和豁免。国际原子能机构（简称原子能机构）如担任执行机构，中国政府对原子能机构、其财产、资金和资产，其官员和专家，应给予《原子能机构特权和豁免协定》所规定的特权和豁免。

3. 开发计划署驻中国代表处的成员应获得代表处有效执行职务所需要的其他特权和豁免。

4.（1）除缔约双方在特定项目的有关项目文件中另有协议外，中国政府对代表开发计划署、专门机构或原子能机构执行职务，而不属于本条第 1 款和第 2 款范围内的一切人员（当地雇用的中国国民不在此列），应参照《联合国特权和豁免公约》第十八节、《专门机构特权和豁免公约》第十九节、《原子能机构特权和豁免协定》第十八节的规定，给予他们为有效执行职务所需要的特权和豁免。

（2）对本条以上各款所述的特权和豁免公约或协定而言：

①第四条第5项所述人员持有或控制的与项目有关的一切单据和文件，均应视为属于联合国、有关专门机构或原子能机构的文件；

②上述人员为项目的需要而带入中国，或在中国境内购买或租用的设备、原料和供应品，均应视为联合国、有关专门机构或原子能机构的财产。

5. 本协定第九条、第十条和第十三条所称“执行职务的人员”，包括业务专家、志愿人员、顾问、法人、自然人，以及其雇佣人员。其中包括由开发计划署聘请担任执行机构或其他职务，执行或协助执行开发计划署对某项目的援助工作的政府组织、非政府组织、公司以及其雇佣人员。本协定中任何规定均不得解释为限制任何其他文件中给予此种组织公司或其雇佣人员的特权、豁免或便利。

第十条　执行开发计划署的援助所需的便利

1. 中国政府应采取措施，使各种法规适用于开发计划署、执行机构、其专家，以及代表其执行职务的人员时，能以便利本协定所规定的业务。中国政府并应制订其他必要的规定，使开发计划署的援助得以迅速有效执行。中国政府应特别给予他们下列权利和便利：

（1）迅速认可代表开发计划署或执行机构执行职务的专家或其他人员；

（2）迅速免费发给必要的签证、执照和许可证；

（3）出入工作地点，以及一切必要的通行权；

（4）在正当执行开发计划署的援助工作所必要的范围内，在中国境内自由通行，以及自由出境入境；

（5）最有利的法定汇率；

（6）设备、材料和供应品的进口及以后出口的许可证；

（7）开发计划署及执行机构的人员和其他代表开发计划署或执行机构执行职务的人员，其私人所有并供其私人使用或消费的财物的进口及以后出口的许可证；

（8）以上（6）（7）两项物品迅速通过海关。

2. 中国政府应负责处理第三者对开发计划署、执行机构、其官员，或代表他们执行职务的其他人员提出的要求，并应替他们承担本协定所规定的业务所引起的要求或责任。缔约双方和执行机构如一致认为某项要求或责任是由于上述人员的重大过失或故意失职而造成，则上述规定不予适用。

第十一条　暂停或停止援助

1. 如有任何情况发生，经开发计划署断定为阻碍或足以阻碍任何项目的顺利完成或项目目标的实现，开发计划署与中国政府协商后，可以书面通知中国政府和有关执行机构，暂停对该项目的援助。开发计划署可以在这项或随后的另一项书面通知中，说明在什么条件之下，开发计划署才愿意恢复对这个项目的援助。在中国政府接受此种条件，并由开发计划署以书面通知中国政府和执行机构，表示愿意恢复援助以前，此种暂停应继续有效。

2. 本条第1款所述的任何情况，如于开发计划署向中国政府和执行机构送达关于此种情况和暂停援助的通知后十四天仍继续存在，则开发计划署可于这种情况继续存在期间．随时以书面通知中国政府和执行机构，停止对该项目的援助。

3. 本条的规定不妨碍开发计划署在此种情况下根据法律一般原则或其他规定所具有的任何其他权利或补救办法。

第十二条　争端的解决

1. 开发计划署同中国政府之间发生由于本协定而引起的或与本协定有关的任何争端，不能以谈判或其他商定的方式解决时，如经任何一方要求，即应提交仲裁。每一方应指定一个仲裁人，再由如此指定的两个仲裁人共同指定第三个仲裁人担任主席。如果任何一方未在提出仲裁要求后三十天内指定仲裁人，或未在指定两个仲裁人后十五天内指定第三个仲裁人，则任何一方可以请求联合国秘书长指定一个仲裁人。仲裁程序应由仲裁人共同制定。仲裁费用应由仲裁人商定，由缔约双方负担，仲裁裁决书应载明裁决所根据的理由，缔约双方应接受裁决，作为争端的最后解决。

2. 中国政府同业务专家之间发生由于他担任中国政府职务的条件而引起的或与此种条件有关的任何争端，中国政府或此一业务专家均可提交派遣此一业务专家的执行机构处理。有关执行机构应从中斡旋，协助双方达成解决。争端不能依照上述方式或其他商定的方式解决时，如经任何一方要求，即应比照本条第1款的规定提交仲裁。

第十三条　一般规定

1. 本协定须经中国政府批准，应于开发计划署收到中国政府的批准书后生效。在批准以前，本协定应由缔约双方暂时实施，并在依照本条第3款规定终止以前，继续有效。

2. 本协定可由缔约双方的书面协议予以修改。本协定中未予规定的任何有关事项，缔约双方应依照联合国有关机构的有关决议和决定加以解决，缔约一方对缔约对方根据本款规定提出的任何建议，应给予充分的同情的考虑。

3. 缔约一方可随时书面通知缔约对方终止本协定，并于接到这种通知之日起六十天后终止。

4. 缔约双方依照本协定第四条（关于项目的资料）和第八条（关于援助的利用）所负的义务，应于本协定期满或终止后继续存在。中国政府依照本协定第九条（关于特权和豁免）、第十条（关于执行项目的便利）和第十二条（关于争端的解决）所负的义务，应于本协定期满或终止后继续存在，但其存在期间应以开发计划署和执行机构的人员、资金和财产，以及根据本协定代表开发计划署或执行机构执行职务的人员，可以有条不紊地撤离为限。

为此，下列经联合国开发计划署和中华人民共和国政府各自正式委派的代表，一九七九年六月二十九日代表双方，于纽约，在本协定上签字。本协定共两份，每份都用中文和英文写成。两种文本具有同等效力。

中华人民共和国政府与联合国开发计划署关于加强合作的谅解备忘录

为进一步加强中华人民共和国政府（中方）与联合国开发计划署（开发计划署）间的合作，双方就加强在南南合作的框架下支持其他发展中国家发展达成共识。

中方认可并赞赏开发计划署在过去三十年向中国提供的发展援助，双方在消除贫困、能力建设、环境和可持续发展、人员培训等领域开展了卓有成效的合作，对中国的经济、社会发展发挥了重要作用。

中方高兴地注意到，开发计划署/人口基金执行局核准了中国/联合国开发计划署2011—2015年合作方案。在新合作周期中，开发计划署将继续为中国提供技术援助。双方将继续在消除贫困、环境和可持续发展、性别平等等领域开展合作。

开发计划署承诺将继续通过援华合作方案支持中国尽早实现联合国千年发展目标和小康社会目标，包括向中国国内发展议程提供技术合作和能力建设方面的支持。开发计划署认可并赞赏中方为开发计划署的核心资源所做的贡献。中方将继续在力所能及的范围内向开发计划署核心资源提供捐款。

作为世界上最大的发展中国家，中国在推进联合国千年发展目标的进程中取得了长足进展，其中也得到了包括开发计划署和联合国其他机构在内的国际社会的大力支持。中国取得的成绩已得到国际社会的广泛认可。

中方愿在南南合作框架下加深并拓宽与其他发展中国家的合作。作为这一努力的一部分，中方将与开发计划署共同开展南南合作，包括与其他发展中国家尝试开展三方合作。三方合作应征得第三国同意，并有利于共同发展，采取平等务实的合作方式，在减贫、农业、卫生、能力建设等领域开展试点，可选择一个发展中国家开始试点。

三方合作应与第三国期待和发展战略优先领域相一致，着眼于为其社会和经济发展做贡献，不干涉其内政。本合作框架内的具体合作项目及活动应完全遵守东道国法律、法规。开展三方合作应建立在双方过去三十年形成的长期互信的坚实基础上，并有利于发挥中方和开发计划署各自的比较优势。中方的优势在于与其他发展中国家开展南南合作的经验以及在实用技术和能力建设等方面的经验和专业技能；开发计划署的优势在于经验、知识、中立地位以及在驻地和区域一级的全球网络等。

为促进合作，双方同意依据本谅解备忘录中一系列工作安排、定期召开评审会议，评估项目的进展和经验。双方在合适的时候对此谅解备忘录的实施成果和效益进行评估，以加强合作，明确双方未来合作方向。

通过此谅解备忘录，中方和开发计划署承诺加强合作，在南南合作的框架下与其他发展中国家共同分享中国的发展经验，实现千年发展目标。

本备忘录一式两份，于2010年9月22日在纽约以中英文签署。

中华人民共和国政府代表
中华人民共和国商务部副部长
王超

联合国开发计划署代表
联合国助理秘书长，联合国开发计划署助理署长兼亚太局局长
齐伯

联合国开发计划署项目
本国执行手册

联合国开发计划署
中国国际经济技术交流中心
（2004 年 3 月）

目　录

第一部分　项目的立项　编制　评估和批准

第一章　联合国开发计划署与中国的技术合作

一、联合国开发计划署援助的指导原则

联合国开发计划署（简称开发署）援助是联合国根据《联合国宪章》的有关精神，对发展中国家应尽的义务，也是发展中国家应享受的权利。根据有关决议，开发署援助项目既不是开发署的项目，也不是执行机构的项目，而是方案国政府的项

目。项目本身不是目的，而是帮助实现方案国政府某一发展目标的手段。开发署援助属于技术援助，主要采取专家服务和人员培训的形式，解决社会经济发展和环境等领域中的关键问题。开发署一般不资助基础设施建设项目。

二、开发署资源规划

1. 开发署核心资源："核心资源分配指标"的方案（TRAC Scheme）

联合国开发计划署援助用于支持发展中国家的援助资金分为核心资源和非核心资源两类。其核心资源来自联合国成员国的自愿捐款。从1997年起，开发署通过"核心资源分配指标"（简称TRAC）的分配方案在发展中国家间（这里称为方案国）分配其核心资源。根据这一分配方案：开发署核心资源的55%用于方案国国别项目。方案国通过三个层次的分配获得这部分资源。第一层次（30%），称作TRAC1，直接分配至各方案国。第二层次（20%）为TRAC2，先按区域分配，之后按方案国提交的项目的质量再分配。第三层次（5%）为TRAC3用于处于特殊情况的国家，如最不发达或遭受自然灾害和经济/政治危机的国家。

TRAC1资源分配之后，方案国只有通过公开竞争才可获得第二层次的资金。即，通盘考虑正在实施和已完成项目的进展情况、未来方案提纲的质量以及其他特殊国别因素等来决定。

2. 非核心资源（Non－core Resources）

除各成员国认捐的核心资源外，开发署还可通过另外三种方式筹集资金用于项目。即：（1）用于某些特定项目的信托基金；（2）其他捐助方或方案国自身的费用分摊；（3）其他捐助方对项目的并行资助。

信托基金（Trust Fund）由双边机构、多边机构或私人捐助设立，用于资助特殊领域的项目，常用于多个国家。

费用分摊（Cost Sharing）是项目费用的一种筹资安排。根据这种安排，项目费用的全部或部分由方案国（通过项目单位）的费用分摊或第三方捐款来承担。费用分摊资金须按开发署有关规章制度进行管理。使用费用分摊的项目和全部由开发署核心资源资助的项目都按正常程序执行，两者并无区别。

并行资助（Parallel Fund）是指由其他捐助国出资用于单独的项目，这些项目与开发署的项目相关联，并常由双方共同规划确立，通常被称为第三国费用分摊。

3. 国别合作框架（CCF）或国别方案

国别合作框架/国别方案是一份6～10页的简短文件，由方案国政府发起并商开发署制订。国别合作框架根据方案国社会经济发展计划和开发署的援助原则而编制。它详细介绍了开发署与政府合作的总体战略和重点领域以及开发署资源今后3～5年的使用、管理方面的规划安排。因此，国别合作框架既被视为一项战略，也是政府与开发署就有关方案国发展中面临的挑战所达成的共识。

国别合作框架是方案国获得 TRAC 资源所需的首要文件。国别合作框架经开发署执行局批准后，60%的资源即被分配用于国家的方案规划。基于国别合作框架及其主题领域方案提纲的质量，方案国也可获得高于60%的分配额。

4. 项目的本国执行（NEX）

1992 年，联合国大会重申“在兼顾方案国需要和能力的同时，本国执行应成为联合国系统援助项目的标准模式。”

本国执行（National Execution）是一种管理和执行项目的方式。根据这种方式，方案国自己负责组织执行由开发署资助的技术合作项目。负责本国执行的机构称为本国执行机构（National Executing Agency）。为落实本国执行这一政策，开发署为其技术援助项目制定了一整套原则、标准和程序。

本国执行的主要原则如下：

—— 使用符合国际惯例的政府规则和程序；

—— 通过适当的财务报告制度保证项目目标的实现，政府有责任用好开发署的资金；

—— 开发署驻地代表处在提供支助服务中，应坚持遵循其规章条例；

—— 采用以结果为基础的管理方式。

对于个别项目，如发现采用本国执行不合适，开发署经与方案国政府协商同意后，则可考虑采用其他执行方式，如由联合国专门机构或民间组织来执行，以确保项目的开展和开发署资金的最佳使用。

在中国，这一执行模式早在开发署援助中国的初期便已试行，极大地加强了项目执行能力，同时增强了中国政府对项目的拥有感。这一试行的成功大大地推动了本国执行模式在中国的迅速推广和应用。现在，超过 90%的开发署援助项目和方案由本国执行。

开发署项目管理中的下一个层次称为实施（Implementation），承担实施责任的机构被称为实施机构（Implementing Agency）。“实施”是指：使用项目的所有投入，并将其转化成项目的产出。

三、开发署技术合作中各方的作用

开发署项目是开发署和方案国政府的技术合作的具体方式，通常双方对项目都投入一定的资源。在中国，在开发署技术合作系统内，有关各方按照下列组成和职能运作：

1. 政府协调机构（Government Coordinating Authority）CICETE

商务部是中国政府与开发署合作的协调部门。中国国际经济技术交流中心（CICETE）隶属商务部，具体负责协调管理开发署与中国的技术合作。交流中心作为开发署的对口单位，负责开发署资源的管理、计划和项目规划，并审查、监督和评估开发署的援助项目。

2. 联合国开发计划署及其代表处（UNDP and its Country Office）

联合国开发计划署，是联合国系统多边技术合作的主要筹资机构，也是联合国促进发展活动的中心协调组织。该署的领导机构叫执行局，由36个成员国组成，任期3年。总部设在美国纽约。署长由联合国秘书长任命，主持开发署工作。此外，还在130多个国家/地区设有常驻代表处（Country Office）。

开发署负责提供用于援助优先发展项目的规划、立项、实施、监督和评估所需的资金。开发署的资金还可作为种子资金，吸引其他捐助方的投入，协助政府筹集更多的官方发展援助。

3. 执行机构（National Executing Agency）CICETE

交流中心也是开发署核心资源和政府分摊支持的项目的本国执行机构。对实现项目目标承担执行责任，并就项目资金的使用和管理向开发署和政府负责。同时，交流中心负责项目投入的运用，并在这方面向项目单位提供有关项目实施的服务和支持。

4. 实施机构（Implementing Agency）

开发署援助项目的直接受益人通常为部、部属司局或半自治的政府实体如中央银行，学术研究院、所，以及省市或其他地方政府机构。同时，这些机构通常也作为项目的实施机构，一般称为项目单位（Project Unit）。

在本国执行的项目中，项目单位在项目中和项目结束后，负责项目活动的业务和技术管理、申请使用项目投入和应用项目产出和成果等方面向本国执行机构负责。

5. 联合国专门机构（UN Specialized Agency）

联合国系统内共有30个专门机构分别涉及不同的部门和领域，如农业、卫生、工业和教育等。这些机构可以应政府和开发署的要求，对开发署援助的项目在计划、实施、监督或评估的过程中提供技术专家支持。

6. 其他项目方

除上述机构外，开发署援助项目还可以包括其他参与方。如：其他政府机构、民间组织（NGO）和根据项目需要与本国执行机构签订提供某种服务协议的私营部门。此外，项目的目标群体也可能作为项目的主要参与方参与某些项目活动。

第二章 项目准备

项目准备是指将一个项目设想形成一份项目文件，并得到批准的全过程。

一、项目周期和项目准备阶段

项目是开发署、方案国和其他捐助国的资源得以组织和调动起来以实现发展目标的基础。项目期间所经过的各个阶段构成项目周期。这些阶段包括：

1. 项目立项

项目设想的形成阶段。由某一个或几个单位为解决某项具体问题提出需要开发署的技术合作开始至开发署和政府协调机构决定是否为此制定项目为止。项目设想或项目申请通常以国别合作框架为基础，由有关部委或前述的其他机构向交流中心提出，后者按照程序处理并与开发署代表处进行协商，交流中心和代表处还可共同组织考察等活动向有关地方和部门募集新的立项思路，确保项目设想符合国家优先发展领域、切合实际并适合开发署援助。

2. 项目制定

立项设想成熟并按照开发署的标准格式形成项目文件（或方案支持文件）的阶段。项目文件通常是在交流中心和开发署的指导下由本国和国际专家共同编制。在此阶段，项目文件制订人收集并分析与待解决的问题相关的情况，进行项目设计并编写项目文件。当项目文件编写就绪并提交开发署和交流中心进行审查时，项目的制定阶段即告结束。

3. 项目审查

项目文件形成后提交交流中心和开发署进行系统审查的阶段。项目审查可能包含多次的磋商，主要对项目设计和文件进行审议。看其主要部分是否陈述清楚并符合逻辑；同时，还要审查项目的财务、技术、机构和管理等方面的安排是否合理。目的是要判断项目是否能够通过所设计的活动，实现预定目标以及资金投入的估算是否充分合理。当项目被批准或否决后本阶段即告终结。有时，经双方审查后，将对项目设计和文件提出调整和修订的建议。在此情况下，最终能否批准该项目将视修改的情况而定。

获得批准是项目审查阶段的理想结果。批准标志着政府和开发署双方就此项目达成协议并可进入实施阶段。

二、项目和项目文件

1. 项目构成

方案和项目是在一定时期内，通过使用一定资源和投入以获得特定产出，从而实现既定目标的一整套相互关联的活动。方案通常是指针对某个行业或领域，同时设立多个内容相关且同时进行的项目的方法。项目通常是针对某个行业或领域中较具体的问题而设立的（在本手册中将方案和项目统称为项目）。一个项目的构成主要有以下几个方面：

（1）项目目标：即一个项目所要实现的特定指标、目的和预想情况。项目目标要尽可能质化和量化，以便我们衡量项目成就。

（2）项目产出：项目产出应是实实在在看得见摸得着的产品。

（3）项目活动：即为实现项目产出而采取的行动和执行的任务。

（4）项目投入：即为开展项目活动所需人力、物力和财力。一个项目的投入通常包括开发署投入、政府或第三方费用分摊以及政府实物投入。项目预算只是项目投入的货币价值或成本。开发署援助项目的投入主要有以下几类：

—— 项目人员，包括国际和国内专家及行政支持人员；

—— 培训，如奖学金、考察、国内培训（参加各种会议或研讨班）；

—— 设备，包括耐用设备和易损耗设备两类；

—— 项目合同分包，为获得其他机构或公司的技术服务而签订；

—— 其他，包括项目开支中的小项开支如印刷报告、通信开支、办公用品或杂费。

政府投入（Government Input）一般指方案国政府为实施开发署资助的技术合作项目而提供的国内配套资金和其他投入，主要包括参与项目活动人员的工资、开展有关项目活动的配套投入、项目所需土地、建筑物、设备设施、仪器及安装等费用，这些投入由方案国政府按照项目文件中规定的工作计划及时提供以弥补开发署的投入。政府投入主要表现为实物投入。

政府费用分摊与政府投入是两个完全不同的概念，两者不能混淆。有关政府费用分摊和第三方费用分摊参见本章开发署资源规划一节。

一个项目设计是否符合逻辑，是以其要素间因果关系为前提的。即，项目投入确保活动的开展，活动的结果便是项目的产出，而所有项目产出最终导致项目目标的实现。因此，设计项目也就是选择和明确界定其要素，并以一定方式组织它们从而确保这些因果关系的发生。

2. 项目文件

项目文件是开发署和政府间的一种具有法律约束力的协议。它规定了协议双方的责任和义务，管埋和资金安排等。开发署项目申请文件要按照标准的格式进行编写（现行的开发署项目文件格式见附件 1.1.1）。

三、项目准备阶段各方的作用和责任

项目准备是个需要有关各方多次、充分协商的过程。为高效率地立项、编制和审查国家执行的项目建议，中国政府和开发署同意下面的职能分工：

职能/作用	责任方
1. 结合国家发展重点与开发署宗旨和资源情况，编制国别合作框架	交流中心和开发署，中央、地方政府和部委提供协助
2. 提出项目设想并取得其他方面对设想的支持	专业部委、地方政府，交流中心、开发署、联合国机构

续表

职能/作用	责任方
3. 将立项设想纳入待议项目清单	交流中心
4. 根据交流中心和开发署的建议准备/修改项目提纲和项目编制框架（PFF）	提出项目建议的部委和地方政府
5. 审议待上项目清单及项目编制框架，并起草项目文件	交流中心和开发署
6. 商定项目编制费用	开发署和交流中心
7. 组织、招聘和指导项目编制专家组活动	开发署、交流中心和项目单位
8. 项目文件审查	交流中心、开发署、项目单位必要时可请联合国专门机构和国内其他有关部门参加
9. 根据审查意见，最终修改完成项目文件	立项专家组、开发署、交流中心和项目单位
10. 政府批准项目	交流中心
11. 开发署批准项目	开发署驻地代表

第三章　立项和项目文件编制

一、项目立项程序

原则上，项目设想可由政府、开发署和联合国机构、民间组织或其他多双边机构等提出。但实践中，这些设想通常来自国别合作框架中的方案提纲以及在研究中国的发展需要时提及的有关项目设想的其他文件。除此以外的项目设想均属于要解决这些文件尚未具体预见到的新问题或特殊情况而提出的项目设想。

- 由部委和地方政府提出的项目按下述程序办理：

（1）项目立项建议 —— 项目建议方提出项目设想，向交流中心提交项目立项提纲。交流中心按照有关原则和政策文件，对项目建议进行初选。如项目设想可行，交流中心将核实项目建议是否得到了部委或地方政府的支持。

（2）准备项目编制框架 —— 交流中心向项目单位介绍开发署援助的性质、特点和程序，以及如何准备项目编制框架。并协助项目单位将项目设想转变为项目编制框架。项目单位通过中央或地方归口管理部门向交流中心报送项目编制框架。

(3) 交流中心对项目编制框架的初步审查——交流中心的“项目审查委员会”对项目编制框架进行审查。该委员会由交流中心主任牵头，副主任和处长参加。

(4) 项目进入“待议项目清单”——交流中心将初步同意入选的项目列入“待议项目清单（Soft Pipeline Project List）”并报送开发署。待议项目清单里包括所有收到的并值得考虑的项目设想。待议项目清单和下面将提到的“拟建项目清单”通常在开发署和交流中心定期召开的方案会议上进行审议。

(5) 项目进入“拟建项目清单”——开发署代表处经内部审查认为项目编制框架可行，项目便进入“拟建项目清单（Hard Pipeline Project List）”。这意味着项目的期限、预算和项目编号已基本确定，立项费用来源已落实并可以开始着手组织立项专家组，进行项目设计和项目文件初稿的编制工作。

项目进入“拟建项目清单”后，交流中心通知项目单位为项目指定一名专门协调人，并准备起草项目文件。

- 由联合国机构和其他多双边机构提出的项目设想应先商交流中心，由其根据国别合作框架等初步审查是否符合国家的优先发展领域等原则，然后与有关国内部门探讨项目的可行性。随后的审查立项程序同上。

二、项目文件编制程序

当项目进入“拟建项目清单”后，开始实施下述编制项目文件的程序，以形成最终供审查的项目文件。

1. 准备项目文件编制专家组任务书及时间安排

交流中心与开发署代表处协商准备项目文件编制专家组任务书，并为专家组的活动做出预算。通常可由开发署代表处或交流中心项目官员起草任务书和初步的日程安排，然后交对方及项目单位审阅并修改，各方应在收到任务书初稿两周之内提出修改意见，并确定接待专家组的日程安排，告知任务书起草方已完成任务书和日程安排。

任务书要兼顾性别意识。立项专家组在编写项目文件的同时，应对交流中心承担项目执行责任的能力进行评估。项目文件编制专家组任务书的格式参见附件2.3.2。

2. 组织项目文件编制专家组

任务书、项目文件编制的资金和时间安排都落实以后，交流中心和开发署代表处着手组织专家组。除少量完全可由本国专家和人员编制项目文件的项目外，多数项目会聘请国际专家来编制项目文件。交流中心和代表处共同采取下列行动：

（1）按照任务书的资格要求物色男性和女性的专家。开发署代表处、交流中心和项目单位均可提出项目文件编制专家候选人，并提供候选人的中、英文简历供其他各方审查。其他各方应在收到简历两周内答复是否同意。

（2）准备项目文件编制组工作日程—日程安排是项目文件编制组的所有活动的一个时间表，包括与开发署代表处、交流中心、项目单位和其他有关方就项目主要构成、项目文件第一稿和修订稿的提交日期等问题进行磋商。此时，还应对提供参考文件、安排实地考察的当地交通以及项目文件编制组应会见的人员等方面做出安排。

通常由交流中心商项目单位起草工作日程的主要内容，开发署代表处应及时就日程安排进行反馈，并协调落实日程中与开发署有关的活动安排。如需与其他国际机构会谈，应由开发署代表处负责安排有关日程。

（3）交流中心和项目单位应协助国际专家获取所需要的合法旅行/入境帮助。

3. 监督和支持项目文件编制组

为确保项目文件编制组编制高质量项目文件，有关各方应自始至终与其密切合作。自项目文件编制组开始活动起，交流中心、项目单位和开发署应共同将项目设想介绍给项目文件编制组，回答项目文件编制组的有关问题。交流中心或项目单位应指定专人负责与项目文件编制组与各项目方的联系，配合并监督项目文件编制组按照日程安排完成项目文件的编制任务。

第四章　项目审查和批准

一、项目审查和批准程序

事实上，对项目的审查早在立项阶段就已经开始了，这也体现了开发署援助项目是由政府和有关各方共同合作、多次协商的特点。然而，在程序上，正式的项目审查只有两次，下面是两次审查的程序。

1. 项目编制框架审查

如前一章所述，项目单位正式决定项目申请意向后，在交流中心指导下完成项目编制框架。交流中心项目审查委员会根据有关标准的要求，对项目编制框架进行审议，并编入“待议项目清单”。

同时，交流中心将项目编制框架送开发署代表处审查。如双方对项目编制框架达成一致，则项目进入“拟建项目清单”。

通常，开发署和交流中心会针对项目的目标及内容提出一些修改建议，或要求对项目的重要性、受益人群及效益、影响等内容做出进一步的阐述。项目单位将按照这些建议对项目编制框架进行修改。该修改稿可供项目文件编制专家组用于编制项目文件。此时，项目单位还应指定专人负责项目准备阶段的工作，该人员在项目进入实施后，还应作为项目的管理人员。

2. 项目文件草案的审查

在项目文件编制组完成项目文件初稿后，开发署、交流中心和项目单位对其进行前期审查，并对该项目文件草稿提出修改意见和建议。

项目文件编制组应根据上述意见和建议对项目文件初稿进行修改。在各方对该修改稿达成基本一致意见后，开发署将着手安排项目审查委员会（Project Appraisal Committee）审议该项目文件草案。

二、项目批准的程序

1. 项目审查委员会（PAC）最终项目审查

开发署项目审查委员会对每个开发署援助项目进行最终审查并建议驻地代表批准、修改或不予批准该项目。项目审查委员会由开发署驻地代表或副代表主持，由有关项目官员作为成员组成，邀请交流中心、项目文件编制组负责人和项目单位出席。如项目文件中设计了除项目单位的其他项目单位时，该机构的代表也应参加会议。在项目审查会上，各方就完成的项目文件草案进行审议，并最终做出项目被批准、需继续进行修改或不批准项目文件的建议。会议记录在会后一周内整理完毕，提交给开发署代表、交流中心和项目单位。如委员会建议对项目文件进行修改，项目文件编制组应负责最终完成修改的工作直至各方满意为止。

2. 批准项目

批准项目的权力归开发署署长。核心资源项目的审批权现已下放给常驻代表。只有常驻代表认为需要时也可将项目呈报总部审批。

开发署驻地代表批准项目后，交流中心主任和开发署代表分别签署项目文件，签字文件成为中国政府和开发署的一项正式合作协议并自签字之日起生效。

三、项目批准后的行动

项目文件签字后，各方即着手下述事宜：

- 开发署正式通知并将签字的项目文件送达交流中心。由交流中心将项目文件送交项目单位。
- 交流中心和开发署在各自的项目管理系统内开设项目预算，并按项目财务监督和报告机制进行管理。
- 交流中心通知项目单位启动项目。
- 项目进入执行阶段。

第二部分　本国执行项目的实施

第一章　本国执行项目的管理安排

一、项目各方的职责

为实施本国执行项目，中国政府和开发署设立了总体负责的机构和责任分工。本国执行项目的有关各方分别是政府协调机构、本国执行机构、项目单位以及代表联合国开发署的驻华代表处。在所有情况下，项目的有关各方在编制项目文件时即已确定，实施安排在项目文件中也有规定。

下面是关于实施本国执行项目时有关各方的作用和责任。

1. 政府协调机构

商务部下属的中国国际经济技术交流中心（以下简称交流中心）作为开发署的政府对口机构，负责开发署对华援助项目规划、管理和监督的协调工作。为此，交流中心代表政府签署所有开发署援助项目，并在项目实施过程中在提供政策指导、监督和评估项目中起关键性作用。

2. 执行机构

交流中心作为执行机构是项目的签字方之一，并承担下述职责：

（1）按照工作计划有效地管理项目，确保项目文件中预期成果和产出的实现；

（2）直接或通过项目单位有效地调动项目投入，按照项目文件和工作计划确保投入并使之转化为项目产出；

（3）确保遵守有关项目资金使用的现行规定和程序；

（4）负责对项目的实施情况和财务状况进行内部监督、评估和报告。

3. 项目单位

开发署核心资源和政府费用分摊项目的项目单位通常为中央或专业部委、地方政府单位、研究/学术机构、群众组织或其他在技术、或实质上与项目最为密切相关的实体，也是通过项目来加强能力的机构。它们从交流中心获得实施服务以便调动投入并承担将投入转化为项目产出的全部责任。

在开发署核心资源和政府费用分摊项目中，项目单位承担下述职责：

（1）以项目文件为基础拟定和更新工作计划，为项目投入（即专家，培训，设备，分包和其他投入）订立技术规范，以及与交流中心密切合作从而确保按时和有效地应用投入并在管理和实施项目活动中提供技术/实质上的指导；

（2）就项目执行的实际情况进行直接的内部监督、评估和报告；

（3）对于项目的实际执行向交流中心承担首要责任；

（4）按照项目文件要求为项目的成功实施提供组织支援；

（5）确保政府分摊及时足额到位；

（6）按季度向交流中心和开发署提交执行报告；

（7）确保项目下采购的设备能为项目优先使用并得到妥善管理。

4. 开发署代表处

开发署代表处在国家一级与政府密切合作，履行开发署执行局所赋予开发署的使命和责任。开发署代表处是项目签字方之一。在实施本国执行项目时，开发署代表处承担以下职责：

（1）按照批准的项目文件提供资金，并在某些情况下通过第三方费用分摊和开发署管理的信托基金筹集额外的资金；

（2）促进项目有效管理和实施以实现各项目标，进而共同满足与政府制订的国别合作框架的发展需要和优先领域。这种与政府共同发挥的促进作用，包括指导培训项目管理人员的技能和应政府请求为本国执行项目提供支持服务；

（3）通过监督、记录、评估和报告开发署援助总体方案和单个项目的执行和财务状况，确保受援国政府和代表处向开发署执行局履行各自的责任。为此，通过鼓励所有项目方在使用项目资金，尤其在设备采购和使用项目投入等方面应遵循现行规则和程序，以确保项目资源的有效和合理使用；

（4）安排项目的评估以确定其影响和结果，从而指导开发署援华资源今后的规划和使用。

二、项目管理人员

交流中心对本国执行项目的计划和管理承担主要责任。项目的具体实施责任将由项目主任和项目经理负责。

1. 项目主任

项目主任体现了交流中心项目有效管理的责任，因此背负着对项目的领导、人员使用、计划、进度安排和组织、实施方向等职能以及监督、评估和报告的职责。与这些责任相对应并按照开发署管理规则，项目主任有权从项目预算中申请资金，即交流中心根据项目主任以签发年度和季度工作计划的形式所提书面报告按时拨付资金，用于项目投入和相应开支。项目主任的任务书说明参见附件 2. 1. 1。

2. 项目经理

项目经理是由项目主任任命的全职项目业务经理。作为项目经理，要计划和管理项目活动；确保项目投入及时到位和按照项目文件实现产出和成果；对项目活动进行监督和报告以及保证项目资源按照预算计划使用。项目经理接受项目主任的指导并报告工作情况。项目经理的任务说明参见附件 2. 1. 2。

3. 其他项目人员

除项目主任和项目经理外，项目还可以根据项目文件聘请项目其他人员协助项目经理承担某些日常项目管理工作。

三、工作计划

项目文件一旦签字，项目单位应立即根据项目文件内容制订工作计划，提交给交流中心审批后由交流中心转送开发署。工作计划是项目执行的主要依据。项目工作计划对实现每一项目标的投入、人员、时间和活动做出规定。在执行过程中，如有必要，交流中心和项目单位可对工作计划进行及时调整。

1. 工作计划的重要性

（1）工作计划是对项目管理人员和项目参与者如何在项目周期内实现项目目标所作的业务安排。因此，工作计划是项目单位对项目在技术上和管理上行使领导的主要手段。

（2）工作计划是确定项目在一定期限里需要哪些投入、多少资金和开支情况的唯一依据。对于执行机构来说，可根据工作计划对项目所需资金作出预测，并授权项目单位从预算中提款，同时又是项目单位撰写财务状况报告的依据。因此，工作计划是联系财务状况和项目实际情况的关键环节。

（3）项目工作计划是项目有关各方和审计人员客观评价项目实际情况和财务进度的首要基础。

（4）工作计划是向项目人员，上级主管部门和公众解释项目工作情况的有效交流工具。

（5）项目只有在文件签字后并由项目主任递交年度计划和季度计划后方可开始实施。

2. 如何制订工作计划

制订和修订项目工作计划是项目主任和项目经理的主要任务之一。虽然项目文件经常含有一份整个项目周期的粗线条工作计划（常作为项目文件的附件），但它往往不够详尽或在项目执行一定时期后已过时。因此，项目经理应尽早研究项目文件并对项目工作计划作必要调整。如需对实现项目产出和目标的时间作重大调整，则须由项目主任和项目经理修改并把调整后的工作计划报交流中心和开发署代表处批准，并附上修改理由。修改后的项目工作计划将正式取代原计划。

项目主任与项目经理和交流中心的有关项目官员密切协商制订工作计划。如有必要，交流中心项目官员还可商开发署代表处的有关项目官员。通常一种好的做法是项目经理应与尽可能多的项目方甚至是受益人共同制订工作计划，这样有利于获得对项目更多的支持。

3. 年度和季度工作计划

工作计划由项目经理制订并由项目主任签署。这些工作计划应以项目文件和附件为基础编写。

（1）整个项目周期的各年度工作计划。年度工作计划是一年内有待实施的主要项目活动（一般以时间顺序排列）的清单。包括每项活动的时间安排、产出、所需预算金额和有关责任方。年度工作计划的样本见附件2.1.3。

项目文件签字后，项目单位应立即制订第一份年度工作计划。第一份年度工作计划始于项目启动会召开的月份至本年度的12个月底，第二年和后续工作计划亦是按日历年度准备，即从1月至12月。下一年的年度工作计划应在当年11月中旬准备完毕。所有年度工作计划应由项目主任签字并提交交流中心，并由其转送开发署代表处。

（2）季度工作计划，除涵盖下一个季度和本季度的项目活动更详尽以外，与年度工作计划格式相同。为确保准确估计每项活动所需时间和精确安排投入和预算，季度工作计划中的活动安排更需细化。第一份季度工作计划由项目主任签署后与年度工作计划一起提交给交流中心。以后的季度计划应在每季度开始前15天内，即在12月、3月、6月和9月中以前提交交流中心。

季度工作计划特别重要，因为开发署代表处需以此为基础批准交流中心提交的申请下季度预拨款的季度财务报告。项目经理应在下季度开始前15天内将计划提交交流中心。交流中心便可将季度计划和季度财务报告——包括项目支出记录和预拨款申请（参见第七章财务管理）——提交给开发署代表处。然而，值得注意的是无论上季度是否存在项目支出和是否申请下季度预拨款，都必须按时提交季度工作计划。

四、项目修订

项目修订是对项目设计或要素的正式修改（即，调整近期目标、产出、活动和投入），调整预算或两者兼而有之。如目的只是对工作计划或项目附件进行调整，则无须进行项目修订。但当目的是为了改变项目目标或实现额外产出从而达到更高或不同目标，需要增加或减少预算时将进行项目修改。此时，则需要准备新的项目文件并重新审查。修订项目应包括：

- 一页新封面，其中包括按字母顺序的预算代码。预算修改封页格式见附件2.1.4。
- 修订的原因，如不长，可放在上述封页。
- 修改后的文字需与原文件中的章节相对应。
- 修订后的预算（参阅第七章项目财务管理）。
- 交流中心和开发署代表处的签字。

项目实施期间，应项目单位请求并经交流中心和开发署代表处同意原则上可对项目进行修改。无论项目大小，开发署常驻代表均有权批准项目修改。项目修改，尤其是包括预算修改的情况在第七章财务管理中有更详尽介绍。

第二章 项目启动

项目批准后，交流中心和项目单位采取行动，启动项目。

一、项目批准通知

项目文件批准后，开发署正式函告交流中心。

二、项目启动准备

在收到项目批准通知书后，交流中心将督促项目单位落实项目文件中规定的先期责任。启动项目通常包括如下两点：

1. 任命项目主任和项目经理

项目单位任命项目主任。项目经理由项目主任挑选并作任命安排。项目经理级别可稍低，但需满足作为项目业务经理在管理能力和工作时间上的要求。

项目主任和项目经理的任务书见第一章附件2.1.1和2.1.2。

2. 建立项目办公室

项目单位应负责建立项目办公室。“项目办”这里的意思是指用来进行项目日常管理的处所。因此，该办公室是项目经理和多数项目人员办公，以及项目文件、记录、档案和办公设备存放的场所。因此，项目办公室通常设在项目单位的办公地。其重要性在于它是项目实质性日常管理的职能机构和联络点。

三、项目启动会

在交流中心积极回应开发署代表处项目批准通知的有关要求后，交流中心和项目单位筹备召开项目启动会。会议的目的是回顾和澄清：

- 项目的意义、预期成果和实施策略；
- 项目各参与方和受益人的作用和责任；
- 管理和实施程序，包括工作计划、开发署项目执行的有关规定和程序、财务操作及设备采购等有关事项。
- 审议工作计划。

出席会议的人员包括项目主任、项目经理、交流中心和开发署代表处的有关人员，以及其他与项目的成功利益相关的代表。

四、签订合作机构协议

交流中心应积极准备与联合国或为项目所指定的其他实施机构签订协议。

交流中心与作为实施机构的联合国机构的标准协议参见附件2.2.1。该协议样本经修改可供交流中心与非联合国的国际机构或本国的政府组织签订协议时使用。项目主任和交流中心应注意合作协议的条款，包括实施质量的标准和提交报告要求，以确保有关投入按计划实施并转化为产出。

五、项目启动延迟

如开发署代表处下达项目批准通知书后三个月以内交流中心和项目单位未能启

动项目，交流中心需将有关原因通知代表处，并就启动项目要采取的行动提出建议。如项目单位无充分理由，开发署和交流中心将取消该项目并收回项目资金。

第三章　项目人员的招聘和管理

由于开发署援助的项目主要属于技术援助而不是资本援助，对项目人员的投入及其培训常常占据项目预算的主要部分，因此招聘不同类型的项目人员无论是由交流中心直接招聘还是通过合作机构招聘，都是项目管理中的重大责任。

聘请的专家和项目管理人员在项目文件的投入部分有明确规定，他们的费用支出在开发署项目的人员预算中列出。专业技术人员的任务书通常作为项目文件的附件。

开发署援助的项目可以提供多种类型的专业人员。最常见的有国际和国内技术专家和行政支助人员。

项目所需的人员在编写项目文件时已基本确定下来。所以，项目管理人员应更注重为每一个职位及时招聘到最好的专家，并尽量使用他们，以实现项目预定的产出。

一、交流中心对项目人员的招聘和管理

开发署援助的项目下专家以短期为主，一般一年内总的服务时间不超过三个月。

在招聘过程中，交流中心和项目单位可要求开发署代表处协助推荐专家，并对专家候选人进行挑选。如项目下聘请的国内专家或其他项目人员是政府部门的工作人员，他只能在下列两种情况下签署服务合同：（1）所在单位不是交流中心或项目单位；（2）所在单位准予请假，并在合同期内不领取原单位工资。交流中心和项目单位对候选人的范围限定于中国国内公民。来自香港、澳门和台湾地区的专家属于国内专家，但享受国际专家的标准。国际和国内专家合同通常采用服务合同。见附件 2. 3. 1。

1. 招聘步骤

交流中心负责招聘所有项目人员并与其签订服务合同，招聘项目专家的步骤如下：

（1）编制招聘项目专家的计划。项目经理根据项目文件和年度工作计划决定：

—— 在本年中需要招聘哪些项目人员及招聘的时间。项目主任应该知道何时需要项目人员开始工作，以便为招聘过程留出足够的时间。招聘国际专家需两个月到六个月，招聘国内专家通常不超过三个月，主要取决于相关领域内专家的供需状况。

—— 项目文件中是否包括了专家任务书，这些任务书是否依然有效或内容是否全面。

—— 从哪一预算栏下支付，及拨款的数额。

（2）为专家职位编制任务书。在交流中心的指导和协调下，项目经理将根据附

件2.3.2所示的标准格式起草和最终审定任务书。所有被聘请的专家都应有相应的任务书。

如果需要，项目经理可请求交流中心和开发署代表处帮助编写任务书。然后把任务书提交交流中心，并要求交流中心进行招聘。

（3）提出专家候选人。如果项目经理知道有合适的专家候选人，应通知交流中心。在任何情况下，交流中心在尽可能大的范围内寻找专家候选人。交流中心除了可从其国际和国内专家库中寻找外，还可咨询开发署代表处，通过专业同行和机构提出候选人或通过有关国际媒体公开招聘。应鼓励女性候选人参与开发署项目。

（4）挑选最好的候选人。交流中心应尽量保证在竞争基础上从至少三人的短名单中选择候选人，然后交流中心和项目经理审查候选人的申请，并根据下列标准排列优先顺序：

—— 候选人的资格与任务书相符；

—— 可能支付候选人的工资或费用的数额；

—— 候选人是否随请随到；

—— 对候选人工作的业绩评估或查询。

只有在项目经理要求且交流中心和开发署不反对的情况下，才可放弃上述筛选的程序。

（5）与候选人协商供职条件。交流中心任用选中的候选人，如需要，同候选人谈判工资、赴任时间及其他任职条件等事项。

（6）签发服务合同。当候选人接受各项招聘条件后，交流中心即准备一份服务合同送交入选候选人签字。任务书作为不可分割的一部分附在服务合同后面。除了说明专家提供的服务外，合同还应写明工资水平、差旅费和生活津贴的支付办法，以及雇佣的其他条件。

2. 项目人员管理

在开发署援助的项目下，交流中心向项目人员支付工资、差旅费和每日生活津贴。

（1）报酬。专家的报酬是由开发署和交流中心共同制定的。这些报酬的水平是以最大支出数来估计，一般是根据联合国的标准成本以及参照所在国的工资水平，以保证项目能得到国际和国内一流专家的服务这一原则而得出的。

当国际专家的咨询费超过每个工作日500美元时，需提出详细的理由，交流中心将对某类技能专家的市场价格做出评价。另外，开发署和交流中心将定期对其他国际发展机构（如世界银行、亚洲开发银行、欧盟）和其他联合国机构（如粮农组织、联合国儿基会）支付专家工资水平进行调查，以保持其专家工资的竞争性。

国内专家报酬标准也将定期得到检查和更新。

在上述原则的基础上，专家的报酬、服务的总天数和付款方式或付款日期将按一事一议的办法与专家协商。有关规定详见财务细则。

（2）差旅费和每日生活津贴。由交流中心招聘的专家与其他联合国机构招聘的专家享受相同待遇，除报酬外，还报销差旅费和领取每日生活津贴（DSA）。

到中国来服务的国际专家，可报销从所在国到中国的服务地最直接的往返经济舱机票。如其单程飞行的时间达九小时或超过九小时，如果专家提出乘坐公务舱的要求，交流中心可允许其乘公务舱，作为其接受合同的条件。但不论是何种情况，专家到达中国时都要提交机票票根和购票的原始发票/收据。此外，专家在车站/机场的费用（转机，行李搬运）按在不同城市的费用标准予以支付。

国际专家在工作期内享受开发署每日生活津贴，即从其所在国启程之日起至回到所在国当日的这段时间。对因飞机中转而造成中途过夜（如必要转机）的，也将按中转城市的每日生活津贴标准支付。在服务中如果夜间飞行，飞行当夜的每日生活津贴将按到达城市的每日生活津贴标准支付，除非是专家返程或当夜的每日生活津贴按上一个工作地每日生活津贴标准支付。

国内专家可报销从所在地到服务地最直接往返经济舱机票。食宿标准参见财务细则。

（3）管理与监督。专家在项目经理或由其任务书中规定的人员直接监督下完成其工作，交流中心履行行政管理支持和监督职责。鉴此，有以下关键程序：

——交流中心通知项目经理专家已接受任命。

——项目经理将与交流中心密切合作，为专家来华做好各项必要的安排，包括签发入境签证通知、寄送预购机票、准备专家工作日程、安排住宿和当地交通等。

——专家到达中国后，如果所有必要的票据已提交，交流中心应在四个工作日内（从专家到达之日起计算）支付其每日生活津贴并报销其机票（如交流中心没有为其预购机票）。

——专家根据任务书的规定及在项目经理或项目单位其他指定官员的监督下履行其职责。

——专家完成工作后，需向项目经理并通过其向交流中心提供工作报告或任务书中规定的其他产出文件。如专家工资需经开发署代表处直接付款，专家还需填写报酬支付证明（详见附件2.3.3），经项目主任和交流中心批准后付款。

——交流中心在收到项目经理提交的产出报告的五个工作日内，向专家支付报酬。如专家仍在中国，可以支票支付；或也可把专家工资汇至其特别服务协议中注明的账户。在通常情况下，报酬是按到达之日起计算，但支付报酬的条件也可按个案协商而定。

二、委托联合国合作机构聘请国际项目人员时，交流中心的职责

某些项目如有必要可由联合国合作机构提供国际专家。这些国际专家的招聘与管理按该合作机构的规定和程序办理。该机构可按自定的专家报酬水平和相关招聘条件与专家签订合同，但都不能超出交流中心与联合国合作机构签订的合作机构协议所规定的范围。联合国合作机构还负责安排在当地支付国际专家工资和差旅费。如有必要，合作机构可授权开发署支付有关费用。

然而，交流中心在招聘和管理这些国际专家过程中需要履行某些职责。在履行这些职责时须与项目单位和联合国合作机构密切协调。这些职责说明如下：

- 交流中心应审查项目文件和合作机构协议，以确定这两个文件是否包括了专家任务书。如无，则要另行编写；如有，则要对其进行审核并作必要的修改。任务书应写明专家的预期产出。
- 交流中心应提前3个月通知联合国合作机构何时需要国际专家。
- 任务书应被送交联合国合作机构。交流中心还应向联合国机构建议所了解的合适候选人。
- 当联合国合作机构将专家候选人的姓名和简历（指联合国的“个人简历表”）送交交流中心后，后者应与项目经理审阅，并向联合国合作机构提出倾向性的名单次序。
- 然后交流中心应通知联合国合作机构被选中的候选人，以便该机构进行聘用工作。
- 交流中心为国际专家及时办理入境签证，项目单位安排专家的住宿和办公。
- 交流中心确保项目单位为专家准备了详细的工作计划，特别写明要求专家完成何预想产出（如技术报告，培训人员等）。工作计划应写明国际专家咨询或与之一起工作的对象、访问地点及向专家提供的文件。总之，编写工作计划是为了更充分更有效地使用专家。
- 交流中心确保项目单位检查和指导专家的工作，确保预计的产出按计划实现，并在专家离境前与有关各方进行讨论。

第四章　人员培训

培训在开发署资助的技术援助项目预算中占相当大的比重，因为培训是进行能力建设的主要途径。开发署援助项目的可持续性很大程度上取决于培训的成功，通过培训使个人掌握技能，机构增强能力，使他们在项目结束后能继续保持并扩大项目的产出。技能的掌握是通过正规的或有计划的学习课程或培训班，通过非正规的在职训练或与专家在一起工作来实现的。

基于上述原因，交流中心须确保项目培训活动不仅要按计划实施，更重要的是要使受培训人员通过培训活动确实学到新的技能，增强能力。

一、培训活动的种类

开发署援助项目的培训活动一般有两种：

1. 国外培训和专家

国外培训系指派遣相关人员参加1~3个月的常规的或特殊的国际短训班或出国考察。

国外考察包括管理和专业人员前往一个或几个国家进行学习访问或出席国际会议。考察应使考察人员学到与他们的工作直接相关的知识。除项目文件另有规定外，考察一般不超过三周，成员包括翻译不超过10人。

2. 国内培训和研讨会

指在中国举办的与项目有关的所有培训。国内培训采用培训班或研讨会方式进行，时间一般从几天至两周，也可在技术院校进行较长时间的业余培训。

项目的培训活动通常在项目文件中有明确说明，有时项目文件也附有专门附件。原则上，女性在开发署培训活动的参与率不应低于30%。

二、培训计划

项目培训活动可委托国内或国际机构、国内专家或国际专家，项目单位或交流中心举办。项目单位对每项培训活动均须拟订培训计划。培训计划格式见附件2.4.1。

项目单位制订好培训计划后须尽快提交交流中心，最迟应同该季度工作计划一起提交。内容包括：

1. 培训目的

写明通过培训，受培训人员在知识、态度和技能方面的拟实现的变化。这种变化要用具体的可以衡量的方式表述。如，一个好的培训可以是：在培训班或考察结束后，接受培训人员能为乡村企业创造收入做可行性研究。

2. 培训活动和地点

写明项目文件或年度工作计划中规定的培训活动种类，例如国内培训、考察、短期培训及培训地点。

3. 培训日期和期限

写明培训拟开始的日期和进行的期限，要注意留出足够的准备时间。

4. 培训人数和身份

写明参加培训人员的职务、职称、资历和性别要求。

5. 培训报告

培训结束后要求向交流中心提交两份培训报告：一份是受训者关于培训活动的报告；另一份是培训者或培训机构关于培训活动的报告。

6. 培训费用

培训费用是指培训活动预计需要的总费用。对于国内培训，可以在项目下支付的费用包括场地租用、资料印刷和翻译、学员和教员食宿、最直接的经济路线交通、文具用品、教员教课的费用等。培训组织者编制培训预算时，须遵照编制国内培训活动预算须知（详见附件2.4.2）。费用预算要合理且不超过财务细则规定的限额。超过限额部分须由项目单位负担。同时，应特别强调的是，开发署资金不得用于支付应酬费，如宴请或观看演出等。填写培训计划时要写明培训费从预算哪个编号项下支付，要和年度工作计划一致。

三、组织国内培训的步骤

为确保国内培训活动按时有效地进行，交流中心或项目单位应采取下列措施：

1. 培训计划

项目经理对每项国内培训活动拟订培训计划并尽早提交至交流中心。在安排培训活动的时间时，要留有足够的准备时间。

2. 培训准备

项目经理和有关机构应适时进行培训的准备工作，其中包括：

（1）确定和动员有能力完成或组织培训的国内专家或培训机构。如果项目经理知道合适的教员或培训机构，可向交流中心推荐。交流中心应遵照第三章和第六章人员招聘或分包的程序选择培训教员或培训机构。项目经理应向被选教员或培训机构提供一份培训计划。

（2）选择并通知培训人员，安排他们前往培训地点的交通及费用补贴。该通知应附一份培训计划，以便使学员了解培训情况。

（3）教员或培训机构进行培训设计和计划。如果要进行的培训不是某一培训机构的常设培训课程，那么专门安排的课程和培训班的设计和计划通常需要相当长时间。培训应有系统有计划地进行，以便达到培训的目的。应准备好资料、选择好培训方法、准备好培训工具和设备并制定好评估课程或培训效率的计划、方法和手段。

（4）培训地点的安排。交流中心和项目单位要确保培训地点具备良好的学习环境。不但要有适当的培训设施，还要有适当的学员食宿条件。

（5）培训费用的支付。应报销的培训费可以通过以下方式支付：

—— 项目单位可垫付费用，待培训结束后向交流中心报销，但须提交培训报告（见下述第3条）和培训开支的收据和发票。

—— 项目主任可以要求交流中心预付，最多不超过的80%培训预算的现金。过后进行结算，超过预付款的开支，在提交培训报告以及财务报告和附有凭证的报销申请后予以报销。详见附件2.4.2。

3. 培训报告

教员或培训机构应向项目经理提交关于培训课程或培训班的报告。报告应陈述培训内容、主题以及培训方式。还应包括教员/培训机构对课程、培训班的评价。评价结果说明学员学习的程度，对计划其他培训活动有借鉴作用。

项目单位必须为国内举办的每一项培训活动提交一份报告。交流中心将报告作为支付或者报销培训费用的支持文件。培训报告应至少包括以下内容：

—— 培训日期和地址

—— 承办单位

—— 培训目的

—— 培训的主题和培训方式

—— 培训效果

—— 拟进行的后续活动

—— 接受培训人员的名单（包括人数、性别、年龄、职务及头衔）

四、国外培训的步骤

- 项目经理准备国外培训的计划，并于每年十一月中旬随下一年度工作计划提交交流中心。交流中心抄送开发署代表处。
- 交流中心联系海外拟承担培训工作的机构，并确定承接培训活动的要求，如学、杂费和对学员语言及其他资格的要求。
- 交流中心选定主办单位并与其签订协议后，将情况通报项目主任，并要求项目主任推荐参加培训的人员。
- 项目主任选择参加培训的候选人并征得有关政府部门的批准。被批准的候选人填写短期国外培训报名表（见附件 2. 4. 3）并提交交流中心。由于交流中心不是项目的受益机构，其工作人员除担任翻译或必要工作外原则上不参加项目下举办的国外培训。
- 交流中心在七天内复审并批准学员人选。被推荐的学员按以下标准进行审查：
  （1）被推荐学员接受培训后将从事与项目目标直接有关或有帮助的工作。
  （2）被推荐学员符合国家对出国接受技术合作项目项下培训的要求（如年龄务必在 60 岁以下）。
  （3）被推荐学员具备国外主办培训机构要求的条件（如语言熟练程度、学历和经历要求）。
- 项目经理应为学员简介有关培训情况或注意事项，如培训目的及其与项目目标的关系、在东道国的培训方案和活动日程，培训后学员须提交的报告等等。
- 交流中心和项目单位密切配合，安排学员必要的旅行事宜，诸如办理签证、机票、津贴。
- 学员接受培训。

- 培训结束后，每个学员必须向项目主任提交一份关于培训的书面报告。报告不仅应包括培训内容，还应着重说明通过培训学到的知识以及哪些知识能在工作中或所在单位运用。如培训活动是考察性质，学员可以只提交一份由全体学员共同参与完成的考察报告。
- 建议项目单位召集一次研讨会，让学员汇报培训的情况。

五、由联合国合作机构安排国外培训时，交流中心所承担的责任

若项目的一些培训活动由联合国合作机构执行，该机构负责选择海外培训机构、组织培训方案和接受培训学员。但是，交流中心也必须予以配合，使培训工作按时有效地进行。在这种情况下，交流中心经商项目单位需完成下列工作：

- 如培训计划在草拟合作协议时已准备就绪，该计划应作为合作协议组成部分一并送交合作机构。如培训计划当时尚未制订，应在就绪后立即送出。
- 在适当时候，交流中心通知或确认联合国合作机构适宜的培训日期，并要求提供有关海外主办机构的情况及其对学员的要求。
- 交流中心要求项目经理报送学员候选人并确保这些学员符合本章第四条第5项标准的要求。每位入选国外培训的学员须填写标准的联合国国际培训报名表。填好的表格必须由项目主任签名并由交流中心提交联合国合作机构。
- 由联合国合作机构通知交流中心学员出国培训的时间。
- 交流中心必须同联合国合作机构一道就学员培训期间的国际旅行（签证和机票等）以及培训期间在主办单位的需求（如津贴和当地交通）做出安排。
- 交流中心通知联合国合作机构和主办单位学员的行程。
- 学员出发之前应安排有关培训活动的情况介绍，以及他们在培训结束后须向项目主任提交的考察或短期培训的报告。
- 学员回国后，交流中心向他们收取报告，项目单位听取学员汇报，或就他们的学习心得进行内部讨论。

六、培训费用、津贴、补助和保险

1. 国内培训

国内培训班的费用由项目经理提出并经交流中心批准。学员的津贴或每日生活补贴以及与培训相关的其他开支，按交流中心和开发署商定的标准支付，详见财务细则。在任何情况下，全部培训费用均不得超过项目预算中培训预算栏所列限额。

国内培训活动的咨询人员或教员可受聘作为项目专家并按照第三章关于项目人员标准支付其费用。

2. 国外培训

（1）机票 —— 交流中心向每一位学员提供最直接航线的往返经济舱机票。

（2）培训或组织费用 —— 由交流中心与主办单位商定短期培训班的学费或考

察的管理费，由交流中心直接向主办单位支付相关费用，并通知项目主任或项目经理。

（3）津贴和每日生活津贴 —— 一个月内的培训或考察可按开发署每日生活津贴标准执行。一个月以上的培训补贴不应超出开发署制定的短期培训的补贴标准。

在学员出国培训前，交流中心向考察和短期培训的学员预付80%的每日生活补贴或津贴。余额在学员回国并提交培训报告和提出补偿旅行费用要求后付给学员。

对于6个月或6个月以上的培训，津贴每季度预付一次（即每季度开始之前），但是，最后一季度的津贴只支付80%，余额在回国提交培训报告后支付。

（4）医疗和意外保险 —— 交流中心为学员办理国外培训期间的意外保险，所需的保险费用在培训预算内支付。国外培训期间的医疗费用自理。

第五章　设备采购

一、项目文件中对设备的规定

项目下采购的设备仅限于那些在项目文件中投入部分所指明的设备，且其金额受开发署项目设备项下预算栏中预算的限制。项目在杂费中亦可安排少量预算用于购买文具及其他小件办公用品等。

开发署项目下采购的设备主要分为消耗性设备和非消耗性设备。消耗性设备，有时亦称耗材、易耗品，系指那些使用寿命短或日常消耗品，且单价低的物品。非消耗性设备，有时亦称耐用品，系指那些使用寿命不少于5年并且价值一般为500美元以上的物品。不过，对此定义有一些例外，如某些机器的零备件即被视为消耗性设备。

交流中心应对项目下采购的非消耗性设备列出清单，按年度报告开发署代表处。

二、采购审查机制

交流中心经与项目单位密切协商后，启动和指导项目下的设备采购过程。这种采购在开发署和政府间建立的机制下进行，保证本国执行项目下的设备采购遵守公开竞标原则及其他联合国标准。这种机制的一个重要特征是在交流中心内部利用两个机构负责审查项目下的采购。

1. 交流中心合同委员会（The Contracts Committee）

交流中心设立合同委员会，由主任领导、所有项目处长参加，其职责如下：

（1）审查和批准所有价值100000美元以上的采购行动或系列采购行动。

（2）对所有放弃竞标的请求进行审查并通知开发署代表处备案。

（3）对允许长期放弃竞争性招标的指定供货商的短名单（即车辆、办公设备的供货商），每年进行其有效性的审查。交流中心合同委员会还应就如何改善采购的规章和程序向开发署代表处提出建议并与开发署代表处达成协议。为此，开发署代表处可召集联合国系统内的其他机构（如联合国项目服务部或机构间采购服务办公室）帮助进行采购审计。

2. 评标委员会（The Bid Evaluation Committee）

评标委员会为一特设委员会，审查并建议从单一供货商一次性购买价值在100000美元以上设备或购买系列产品的采购行为。

评标委员会由交流中心和项目单位共同组建，并根据所采购设备或分包的金额大小或复杂程度由5～10人组成。该委员会由交流中心副主任级官员主持，其成员为：

（1）交流中心设备处及其他有关业务处的人员。

（2）项目单位的人员，一般包括项目经理以及一名或多名熟知所采购设备或分包合同的人员。

（3）至少两名独立的该设备方面的专家，他们不应来自于交流中心、项目单位或参与投标的任何一家供货商。

如有必要，交流中心可邀请开发署代表处委派一名代表参加评标委员会会议。

评标委员会对标书做出评估，并向交流中心合同委员会提供采购建议。在评标时应遵循以下原则：

- 与招标文件规定的规格或任务书相一致；
- 报价或费用；
- 有无担保、当地售后服务、培训；
- 交货日期；
- 付款条件。

首先应审查标书的技术指标。如果标书无法满足技术规格即自动沦为不合格；如果标书满足所有技术规格则开始审查其价格和付款条件。在所有标书审查完毕之后，应进行评标总结并提交评标报告。

三、国内、国际设备采购的步骤

在国内或国际设备采购中应遵循以下步骤：

1. 项目单位审查项目文件对设备的规定

项目经理通过审查项目文件和年度工作计划确定哪些设备应在当年采购以及何时采购。项目经理还应确定设备交付项目的具体时间以便为采购过程留出足够时间。

2. 项目单位拟定设备的规格

项目经理制定详细的技术规格并向交流中心提交由项目主任签署的设备采购申请表（见附件2.5.1）以便进行设备采购活动。该技术规格仅涉及设备的功能、性能或其他技术特征，而不应规定设备的品牌和型号，除非某一品牌和型号的设备已经被确定为是符合性能要求的唯一设备。同时，开发署的资金不能用于采购那些因带有奢侈性、装饰性或其他非功能性特征而提高了成本的设备。

设备采购申请表应包括如下关键信息：

- 每种设备需要的数量；
- 每种设备完整的技术特性；
- 要求供货商提供的担保、售后维修/服务设施；
- 期望交货、安装和调试的日期；
- 任何其他的要求（如安装服务、设备操作培训）；
- 项目设备采购的预算情况。

3. 交流中心确定采购的方式

（1）若设备金额少于30000美元：交流中心可以根据采购申请表直接采购，但必须取得至少一家供货商的书面报价，并将报价转交项目主任。项目主任在确认价格后，应签字返还交流中心。

（2）若设备金额为30000美元以上但少于100000美元：交流中心应取得不少于三家供货商的报价，将报价汇总情况，填写在询价报告表上（见附件2.5.2），并交项目主任。项目主任在决定最佳供货商后，应将其决定填写在表格的相应位置，签字后返还交流中心。

（3）若设备金额为100000美元或以上：交流中心应组织竞争性招标。交流中心组织竞争性招标应采取以下步骤：

①准备短名单。原则上该名单应包括5～6家合格供货商。特殊情况下，如众所周知只有少数几家公司可以生产所需设备，则短名单也可以少于要求的数量；

②向供货商发出招标邀请，并随附所有相关信息，如设备规格、提交标书的截止日期，以及公开开标的日期、时间和地点；

③在规定的时间和地点，在交流中心设备采购处和项目实施单位人员以及参与竞标的供货商代表共同到场的情况下开标。交流中心可邀请开发署代表处参加开标仪式。

开标后，由交流中心和项目单位共同组织评标委员会。评标委员会审评所有标书，并向项目主任提供评标报告，指出供货商的优先顺序并建议应采取的采购行动。项目主任在该表上签字认可后交还给交流中心，由交流中心合同委员会进行审批。该表除了所报价格不能改变以外，交流中心可通过与选中的供货商进行谈判，尝试获取更佳的条款和条件。

（4）申请免除竞争招标需满足下述一项或几项条件：

①按照国家法律或管理机构规定有固定的价格、比例或单一渠道；

②供货、设备和零部件的标准化使竞争招标不可行；

③对服务的紧急需要不允许因招/投标申请或建议而延误时间；

④紧缺商品的有利价格不容等待；

⑤对某投标商已做过一订单，如再做一订单则以相同价格可获得额外优惠。

对于允许长期放弃竞争性招标的设备，交流中心可从合同委员会审核的供货商短名单中选择一家获得报价，并交项目主任确认。

4. 交流中心签订采购合同

交流中心起草并与所选定的供货商签订采购合同（见附件 2.5.3）。采购合同可包括若干附件，如条款和条件、对于迟交或不交货物的处罚条款、装运通知等。

5. 项目单位检验并接收设备

项目单位收到设备后，应及时进行检查以确保货物全部到齐、符合规格规定、无损坏或短缺并且运转正常。项目经理据此填写验收报告（见附件 2.5.4），并交交流中心。若出现货物受损或短缺，项目主任应于收到货物后 15 天内，大型设备 30 天内向交流中心提交报告。逾期则视为设备没有问题。

对于从国外进口的设备，交流中心应在收到供货商提供的运输单据后转交项目经理，并指导项目经理办理海关清关、到货商检、保险索赔及货物转运至项目地点。

6. 项目单位和交流中心将新购非消耗性设备录入设备清单

交流中心应确保所有非消耗性设备已记录在该项目的“非消耗性设备”清单中。项目单位对于项目下采购的每件非消耗性设备都应在设备清单中记录以下信息：序号、数量、产品序列号、购买日期和价值以及放置地点。清单表的格式见附件 2.5.5。交流中心每年应制定并验证设备清单，并在提交项目年度报告的同时提交此设备清单。

7. 交流中心向供货商付款

交流中心根据合同规定，安排向供货商付款。

8. 开发署代表处向政府移交设备产权

如采购的设备是非消耗性的，交流中心在向开发署代表处提交年度非消耗性设备清单的同时，要求设备的所有权由开发署移交至交流中心（另见下文“1. 产权”）。为此，交流中心应填写并提交开发署代表处“非消耗性设备产权移交”表（见附件 2.5.6）并由双方签字盖章。

四、设备的产权、保管和处置

1. 产权

开发署援助项目下采购的设备，在被正式移交或处置之前，产权属于开发署。除非在项目文件中已另做规定，本国执行项目下所采购设备的产权在双方签署“非消耗性设备产权移交”表后即由开发署转移至政府。同样，交流中心应和项目单位共同签署“非消耗性设备产权移交证明”，设备的产权由交流中心转移至项目单位。凡项目下使用分摊资金购买的设备可计入项目单位的固定资产账，按国家的有关规定折旧。

2. 保管和使用

根据开发署的规定，持有产权的项目单位应对项目设备的保管、投保保险（如适用）以及合理使用负责，并对交流中心和开发署负责。这包括非消耗性及消耗性设备，所有设备在项目期内应优先用于项目活动。

对开发署项目下采购的车辆，项目单位应承担以下责任：

（1）对所有项目车辆按照国有资产进行登记，并领取牌照。

（2）由于运输保险在货物通关后即告终止，项目下采购的所有车辆至少应在当地投保第三方责任险。

（3）所有交通事故，包括第三方的伤亡，必须根据国家现行的法律法规进行处理。

（4）负责承担在车辆到港后，车辆的使用、维护和办理各种手续的费用。

3. 处置

对于政府拥有产权的已损或不再需要的项目设备，交流中心将按国家有关规定进行处置。对于开发署保留产权的设备，按开发署处置程序处置。

第六章　分包合同

项目下的分包合同，系指交流中心与一个分包商签订的由后者提供项目所需服务的协议。分包商可以是国内或国际的学术、研究机构，私营企业或者非政府组织。所提供的服务可以涉及专家服务、提供并安装设备、租赁设施或机器、提供培训或进行课题研究。

采用分包的一个重要优势是通过一个分包合同可以调动许多不同类型的投入，并可提供许多附加值，例如，有助于实施监督和管理，使产出的产生和应用能更好地结合起来。

分包商就其承担地分包任务对交流中心负责，而后对政府和开发署负责。这种连锁的责任关系决定了开发署资助的项目只采用“分包”而不采用“总包”这一形式。事实上，项目文件中已经确定了交流中心作为执行机构的地位，项目文件就是开发署与交流中心签订的原始合同，由此交流中心才能与其他机构签订项目分包合同。交流中心与联合国机构签署的项目实施协议则是一种国际分包，其中具有同样的责任关系。

一、项目文件中对分包合同的规定

项目文件中对分包有明确的说明。除非项目文件另有规定，交流中心将负责在本国执行项目下签订国内或国际分包合同。交流中心在与项目经理密切协商的基础上，启动和指导项目下的分包活动。

二、分包审查机构

分包与设备采购一样被视为一种采购活动，应遵循同样的采购原则和程序。因此，所有与单一分包商签订的价值100000美元或以上的分包合同或系列分包合同，必须经评标委员会审查（评标委员会的职能和组成详见第五章第二节），而且必须额外送合同委员会审查（合同委员会的职能和组成详见第五章第二节）。

三、国内或国际分包的步骤

国内或国际分包采取的步骤与设备采购相似，所采取的程序如下：

1. 项目单位审查项目文件对分包的规定

项目经理通过审查项目文件和年度工作计划确定：

（1）哪些分包应在当年进行以及具体时间，以便为签订分包合同留出足够时间。

（2）项目文件是否已有分包任务书，若已有规定则应确定它们是否完整及是否仍然有效。

（3）是否已有某些具体的机构被指定为分包商（此时，无须进行竞争性招标）。

2. 项目单位拟定分包任务书

由项目经理制定详细的分包任务书，并向交流中心提交由项目主任签署的申请，以便展开分包活动。任务书中应包括如下关键信息：

（1）分包商何时提供何种产出；

（2）产出实现的方式，即分包商必须进行的活动和分包商交付产出的标准或条款和条件；

（3）分包商的资格要求。

项目经理在申请中还应指明：

（1）项目文件是否已明确规定应与某一特定组织签订分包合同；

（2）项目单位是否已推荐作为分包商的组织；

（3）分包预算栏和预算金额。

3. 若分包合同金额少于30000美元

交流中心在接到项目单位提供的分包任务书后，直接与合格的分包商签定分包合同。

4. 若分包合同金额等于或大于30000美元且小于100000美元

交流中心从合格的分包商处取得建议书并向项目主任推荐最佳方案。具体做法为：

（1）交流中心、项目单位、开发署代表处推荐，或通过报纸等适合的大众媒体刊登广告，确定至少三家合格分包商。确定合格分包商时应根据其工作经验或对完成任务书中规定的那些服务可能具有的能力、财务和机构方面的稳定性，以及在相关领域或学科内的声誉。

（2）交流中心向那些合格的组织发出邀请信并随附任务书，邀请其据此提交具体建议书。如有必要，交流中心和项目单位可就任务书内容与这些选定的组织进行磋商。

（3）项目经理将评估结果填写在分包评估表（见附件 2.6.1）上，交项目主任并征求其同意。此表应为项目主任提出分包商的优先顺序。

5. 若分包的金额为 100000 美元或以上

交流中心为分包组织竞争性招标。交流中心在收到项目单位拟定分包任务书后，应采取以下步骤组织分包的竞争性招标：

（1）根据项目单位、开发署代表处、交流中心，以及相关组织或媒体广告等方面的推荐介绍，准备一份合格分包商的短名单。

（2）向短名单中确定的分包商发出招标邀请或者在媒体上发布招标公告（所需相关费用从项目下支付）。招标邀请是指要求感兴趣的分包商向交流中心递交密封的建议书。招标邀请应包含以下信息：

- 分包任务书，说明希望分包商提供的服务、产品或产出；
- 提供以上服务、产品或产出的时间安排；
- 希望什么样的分包条款或条件；
- 提交建议书的截止日期；
- 公开开标的日期、时间和地点，以及交流中心与感兴趣的分包商之间必要时举行招标前会议的日期、时间和地点；
- 评标标准。

（3）在规定的时间和地点，在交流中心和项目单位人员以及参与竞标的分包商代表共同到场的情况下开标，可邀请开发署代表处派代表参加。

（4）评标委员会审查标书，项目主任选择最佳报盘。评标委员会由交流中心和项目单位共同组织。评标委员会审评所有标书/建议书，向项目主任提供分包评估表，并建议应采取的行动。项目主任在该表上签字后交还给交流中心。除了所报价格不能改变以外，交流中心可通过与选中的分包商进行谈判，尝试获取更佳的条款和条件。

（5）合同委员会审评标书。在项目主任签署分包评估表后，交流中心将该表与标书/建议书一并送交合同委员会进行审批。

6. 交流中心签订分包合同

获得批准后，交流中心起草并与所选定的服务机构签订分包合同。标准分包合同见附件 2.6.2。分包任务书应作为合同不可分割的一部分一并附上。对于拖延或不提供服务的处罚条款亦应包括在合同中。

7. 项目单位监督分包商的工作

项目经理或项目单位的制定人员对分包商的工作进行监督和总体指导，以保证完成任务书规定的工作，实现预计的产出。交流中心参与监督分包工作的进展情况。

8. 项目单位接受分包商提供的服务、产品或产出

当所有服务和产出均令人满意地（即与任务书相符）提供给项目单位后，项目经理填写分包商履约情况证明（见附件 2.6.3），送交交流中心。分包商出具的发票一般也应随此证明一并提供给交流中心。

当出现一分包商未能实现或无法履行其承诺的情况时，项目单位应该立即通知交流中心和开发署代表处，以便讨论应该采取那些相应法律措施。

9. 交流中心向分包商付款

合同中一般会规定向分包商付款的条件或时间安排。交流中心只有在接到项目经理提供的分包商履约情况证明和分包商出具的发票后，方可向分包商付款。

第七章　财务管理

开发署和交流中心为确保项目顺利执行，建立了一套便捷、透明和有效的项目财务管理系统。确立了项目有关各方在项目财务管理方面的责任和义务。了解和熟练应用项目财务管理系统对项目执行至关重要。

本章主要介绍了财务系统的运作情况以及交流中心、项目单位和开发署代表处的作用，并附有项目财务往来中必须填报的主要表格和报告书写形式。

一、项目预算

1. 预算说明

项目文件的封页显示了开发署和政府以及其他有关出资机构对项目实施所承诺的资金数额。项目文件中的预算包括政府分摊投入、第三方投入和开发署投入，并明确了各项投入所支持的活动。

预算对于项目周期内每年可支付金额、用途的类别，即人员、分包合同、培训、设备和其他支出等都有明确界定。

每一预算项或预算栏均配有代码，前两位数字表示类别，如：

10 代码为项目人员，如国际或国内专家；

20 为分包合同；

30 为培训，即国际和国内培训；

40 为设备；

50 为其他杂项；

60 为技术支持；

70 为小额信贷。

后三位数表示资金来源，

01 ~ 29 表示资金来源是开发署；

30 ~ 49 资金来源是政府分摊；

50～69 为第三方分摊。

2. 预算原则

（1）项目期间的总预算绝对不能超支。

（2）项目开支一般不得超过年度总预算和每类预算的各自年度总额，如有特殊情况需要超过预算总额需由交流中心修改预算。交流中心可按规定对有关预算栏或分栏内的资金作适当调整。有关预算修改，请参阅本章关于项目预算修改说明。

（3）所有项目支出都应由交流中心记入适当预算栏。这些支出应有相应的书面文件记录和存档。这些文件和记录是证明项目单位和交流中心正确使用项目资金的证据。

（4）项目的结束不以本项目下是否还有剩余资金而定。项目终结时尚未开支的剩余资金应返还给开发署代表处，政府分摊资金除外。项目结束时有剩余资金本身并不能作为项目延期的理由。

二、项目预算修改

预算修改是项目修改的一种形式，涉及项目预算的变更或调整。项目预算修改应具备如下两个条件：

1. 项目设计修改

当项目设计修改后，其预算总要进行上、下的调整。

2. 预算结转

当年未使用的资金需经开发署和交流中心批准后方可结转。

项目预算结转是项目预算修改的一种形式。即，在不增减原项目预算总额的情况下，将预算资金从一年调整到另一年或在同一年内从一个预算栏调到另一个预算栏。

当上年账户已关闭，且从开发署提供的年终综合支付报告掌握了项目所有支出情况后，交流中心在每年四五月间进行年度指令性预算结转。由此得出的预算为上年的正式决算（全部支出），不得再修改。如有问题可在下一年进行相应调整。

年度指令性预算结转由交流中心在收到年终综合支付报告之后进行准备，并由交流中心主任和开发署代表审批签字。年度强制性预算调整必须在当年的 6 月 10 日以前完成。

10 万美元以上的项目和执行率低的项目，应在当年 10 月份进行一次非强制性结转。选择十月结转的目的是为了安排下年和后续年度的计划与预算。

三、项目资金的使用程序

交流中心调拨资金用于项目开支有两种主要途径：（1）通过项目季度预拨款支付；（2）通过开发署代表处直接支付。

按照季度预拨款办法，交流中心需按工作计划和预算，估算项目在下季度将发生的支出额，并向开发署代表处提出预拨款申请将该款项预拨至交流中心的项目账户下，尔后将此资金用于项目开支。在直接付款办法下，由交流中心向开发署代表处直接授权，然后代表处直接向提供项目货物或服务的个人或机构付款。

下面讲述使用这两种办法的程序。

1. 季度预拨款

（1）工作计划。在申请预拨款之前，项目单位需事先提交年度和季度工作计划。交流中心在收到工作计划之后才能做预拨款申请工作。

（2）季度财务报告。交流中心以季度工作计划为基础，准备季度财务报告（请见附件 2.7.1），并于季度开始的前 15 天内提交开发署代表处。

季度财务报告是项目一级财务管理最重要的文件。它有以下几项作用：

—— 报告上一季度各预算栏执行机构的所有支出；

—— 报告上一季度现金预拨的资金余额；

—— 报告列支应付款；

—— 预测未来支出和下一季度所需资金净额。

（3）预拨款申请。开发署代表处收到财务报告后，有关项目官员对照其季度工作计划进行审核。如文件无误，则该项目官员或其主管在收到后 2 日内予以签署。如有任何问题或不符合规则，应于收到后 3 个工作日内与交流中心或项目单位联系。然后，开发署代表处通常在收到财务报告之后 10 个工作日内，将预拨款划至交流中心的账户。

在通常情况下，开发署代表处从交流中心收到政府费用分摊之后才将项目预拨款转回给交流中心。为不耽误项目执行和使项目活动正常进行，开发署代表处应视费用分摊大小、项目执行缓急、项目活动安排时间等情况，决定先期拨付项目预拨款还是等费用分摊到账之后再拨付。

（4）费用支付。交流中心收到预拨款后开始按有关财务规定和要求支付项目活动费用。交流中心根据季度工作计划，特别是项目主任的拨款申请及其附送的有关凭证、原始发票、收据和其他权威性支持文件经审核无误后，即准备付款授权（见附件 2.7.2）和履行付款所需手续。有关项目支付的具体规定和要求详见“财务细则”。

2. 直接付款申请

如果开发署代表处直接付款比交流中心付款更便捷更实际，交流中心可要求代表处直接付款，程序如下：

（1）中心按照附件 2.7.3 要求填写直接付款授权表，并交开发署代表处。该表需经验证并附说明开支正当用途的有关文件。例如服务合同/特别服务协议的复印件和项目主任关于国际或国内专家的工作表现证明；又如采购订单和向海外设备供货商付款的原始发票，等等。附件 2.7.4 列举了各类直接付款所需的文件和凭证。

（2）费用支付。开发署代表处有关项目官员对照年度和季度工作计划，审查直接付款授权表，如无误则给予批准以便尽快付款。如付款要求在某一日期前必须支付，则此日期应在授权中加以说明并给开发署代表处至少5个工作日进行处理。

3. 项目费用分摊

根据开发计划署有关规定，政府和第三方费用分摊是项目资金的组成部分，视同开发署援助的常规资金。因此，从分摊费用中报销和支付项目费用亦必须按照开发署有关财务规定进行。

费用分摊能否及时到位往往决定项目资金预拨款的拨付速度。在有政府分摊费用的情况下，项目单位应按项目文件、当年预算和预期项目活动时间应至少提前3个月将分摊资金汇入交流中心账户。政府分摊资金应包含银行手续费 。交流中心应根据开发署代表处需求及时地将分摊资金转入开发署账户。由于项目单位未按时拨付或其他汇率变化等因素导致的分摊资金损失由项目单位负责。在有第三方分摊的情况下，开发署负责落实第三方分摊。必要时，交流中心应予以配合，使分摊资金及时到位。

四、项目支出报告

每个季度，每个项目都有两个项目支出报告，即财务报告（见本章季度预拨款）和综合支付报告。

综合支付报告由开发署按季度准备，交流中心核实。该报告综合了以下几方面的费用：

（1）由交流中心从开发署代表处预拨款中支付的资金。

（2）经交流中心授权，由开发署代表处直接付款的开支。

（3）由联合国或其他国际机构或分包商经手的开支。联合国合作机构发生的开支通常用联合国内部机构之间支付程序（IOV）直接从开发署总部划拨。合作机构应按季度向交流中心和开发署提交支出报告。

（4）除上述开支外，由开发署总部支付的费用。

开发署代表处按季度向交流中心提供综合支付报告。交流中心在收到综合报告两周内审核确认后返还代表处，并将审核确认后的综合支付报告送交项目主任。

项目综合支付报告不仅是执行项目最完整的财务报告，而且也是每个项目年度审计的基础。同时，截至每年12月31日的综合支付报告，如无须修改，则就成为开发署记录项目支出和预算状况的正式年终报表，即决算。该报表将作为调整项目预算的基础，即把预算余额和已支付但未计入综合支付报告中的款项一并转入项目下年度预算。

五、财务档案和分类账

为有效行使财务管理职能和承担项目资金使用的责任，交流中心须保留项目开支的财务档案及其证明文件。保留期限应根据国家有关规定办理。这些账目有以下用途：

—— 使交流中心和其他项目方能够随时监控财务操作及项目情况；

—— 便于准备季度财务报告和项目年度报告（参见第八章项目监督、评估和报告）；

—— 供审计人员检查审计用；

—— 帮助交流中心和开发署代表处发现和纠正财务违规行为。

交流中心应保留的账户档案和分类账目如下：

1. 现金收支分类账

这一账目按时间顺序记录所有进出项目银行账户的资金。该账目格式参见附件2.7.5。

2. 中心支付分类账

该账是按预算栏所作支付款项的累计记载。该分类账使交流中心掌握在项目周期中每项预算余额与每年的预算栏之间的动态平衡，并有利于准备季度财务报告。该分类账参见附件2.7.6。

3. 开发署代表处现金预拨款分类账

该账记载从开发署代表处划来的现金预拨款的资金额，以及在任何一报告时间段内已支付的数量。该分类账便于准备季度财务报告。参见附件2.7.7。

4. 开发署代表处直接付款分类账

该账记载交流中心授权由开发署代表处所作的直接付款数额，并显示直接付款预算资金的累计结余情况。参见附件2.7.8。

六、项目审计

开发署要求所有项目在整个周期内必须经过一次以上的审计。交流中心与开发署代表处协商于每年11月制订年度审计计划。该计划列明某年度拟进行审计的项目。

1. 目的和范围

项目审计的主要目的是为确保开发署援助资金的使用和管理是由交流中心按照该署的财务规定、准则和程序以及项目文件的要求进行管理。

项目审计必须包括以下内容：

（1）执行率评估；

（2）财务会计、监督和报告；

（3）资金使用记录、存档和报告的管理体制；

（4）设备使用和管理；

（5）管理架构，包括是否有适当的内部控制和档案保存机制；

（6）是否建立单独账户或账页、配备合格财会人员以及对到账资金实行专款专用。

2. 审计报告应至少涉及是否存在以下方面的问题

（1）没有按照项目文件而支付的情况；

（2）财务报告不公正或不准确；

（3）缺乏充分依据的付款；

（4）管理、监控疲软，架构不健全；

（5）执行机构是否开具不恰当的证件；

（6）非消耗性设备的采购、使用、控制和处理违反政府和开发署的要求。

开发署代表处、交流中心和项目单位必须对审计人员开放所有有关项目的文件和档案。附件 2.7.9 列举了必须包括的部分文件。

3. 审计安排

交流中心有责任选定和任命审计机构，并确保审计符合通用标准，并确保审计报告在按时审查和反馈后，于审计结束后当年的 4 月 27 日前交开发署代表处。在中国，政府指定官方的政府审计机关审计本国执行项目。所有项目审计，开发署代表处都必须通过交流中心向审计机关提供审计指导原则。

4. 审查和跟踪

交流中心和开发署代表处审阅审计报告草案并提出修改意见。最终审计报告提交开发署代表处、交流中心并由开发署代表处提交开发署总部。交流中心和开发署要确保采取措施及时纠正审计报告所发现的问题，尽早审议审计报告及改正措施。

有关审计的具体要求，请参见“联合国开发计划署项目审计指南”。

第八章　项目终结

一、运行终结

当项目停止其一切活动或产出和目标已实现，二者具其一，项目即告终结。项目运行终结时，交流中心负责书面通知开发署代表处。

鼓励那些成果特别显著的项目，组织一次经验交流活动（如一个研讨班、聚会等），随后举行一个新闻发布会，宣传项目成果和成就。这些活动的费用可由项目预算中支付。

1. 运行终结的条件

在宣布项目运行终结前，交流中心应确保：

（1）开发署资助的项目人员已完成了他们的任务，所有要求顾问及专家提交的技术报告都已收到，并已散发；

（2）所有开发署资助的分包合同都已根据合同的条款完成；

（3）所有开发署资助的培训人员都已完成学业。

（4）开发署资助的所有主要设备都已运抵项目现场，并已安装、调试和运行；

（5）开发署资助的设备已处理完毕，要么已移交给政府、移交给另一个开发署资助的项目、移交给驻地代表作暂时保管，或者已出售；

（6）工作计划中已指明的所有报告都已提交交流中心和开发署代表处。

2. 非消耗性设备的处理

在项目运行终结前，开发署代表处将通知交流中心如何处置项目下产权还没有移交给政府的非消耗性设备。在以下两种处置办法中任选其一：

（1）把产权移交给政府；

（2）由于某种原因，无法移交设备，暂由开发署保管，在9个月内开发署将决定设备的处置办法。

二、财务终结

在项目所有的财务往来都已由开发署代表处记录在案、项目账户已关闭，最终预算修改已获批准的情况下，项目结束运行，财务上也告终结。一个项目必须在运行终结之后的12个月内做财务终结。

财务终结时，交流中心应该关闭项目账户，并把项目剩余的开发署资源款额与累积的利息一起归还开发署代表处。政府分摊资金除外。

附 件

附件1.1.1 联合国开发计划署项目文件新格式

一、项目文件的基本要求

项目文件须包括以下核心内容：

1. 封页

该封页是一个单纯的文件封面（封面样式附后），包括项目名称、项目主要参与部门和基本内容的概述。其他项目情况和签字方的签字等在项目文件的最后一页。其中，需要填写“提供支持的战略领域（SAS）”，以说明项目所属的行业或领域。在开发署FIM系统没有与SAS系统整合以代替现行的系统之前，ACC分类仍需填写。系统调整之后，SRF结果分类将代替目前FIM系统中的“干预类型”。

2. 内容

（1）A 情况分析 —— 建议最短篇幅为一段，最长一页

阐述项目致力解决的问题，说明与国别方案中有关结果的联系（应引用国别方案中具体的结果）说明在项目相关领域中，国家机构设置、法律框架的现状和意向中的项目受益方的情况。提供在相关领域进行过的评估和调研的结果（应指出援引资料的来源）。

B 战略 —— 建议最短篇幅为一段，最长一页

概述在相关领域的国家战略，包括国家对实现有关结果所做的承诺。应特别说明开发署的援助是如何通过有关政策的制定、国家能力的加强、帮助建立伙伴关系，以及在确保项目成果可持续性等方面提供支持的。

（2）结果框架 —— 最短篇幅一页（参见附件 1.1.1 – 2）

简要描述项目预期可达到的结果及其衡量指标、通过开发署支持将实现的产出以及有关活动和投入等。如必要，应设定年度目标，以便明确产出实现的范围和时间进度。

可参考开发署“关于结果框架的技术说明”（2001 年 11 月 27 日最新版），明确有关名词和术语的解释和含义。

（3）项目管理安排 —— 建议最短篇幅为一段，最长两页

说明有关各方在项目中的角色和责任（包括项目的执行方式），如需要，可增加附件来说明。简要描述以项目成果为指标的监测和评估原则等。

说明项目有关各方将如何总结、整理并分享项目的经验和教训（有关指导文件于 2002 年发布）。

（4）法律含义

本单元是已制定的标准法律条文。

（5）预算 —— 参见附件

目前仍采用开发署 FIM 格式，今后将改为 REMBS – FIM 系统。

二、项目文件的附加部分

上述内容构成项目文件的基本部分。这种项目文件的格式主要适用于规模、期限和开发署投入都较有限的项目，如主题信托基金项目等。对于其他项目，应适当增加对项目内容的阐述、或更多地提供有关参考资料，并说明在项目立项过程中发现的结果。这些内容应包括：

- 描述项目形成的过程和在这个过程中是否及如何借鉴了其他有关项目的经验和教训；
- 对项目单位能力评估的主要结果，及如何对这种能力进行监测；
- 对项目成功的机会和风险的评价；
- 社会、性别和环境因素环境的评价；
- 当有多个项目同时为实现同一个结果/目标进行时，说明这些项目间如何协调合作；
- 说明在项目活动正式开始之前应采取的行动（即项目启动应具备的前提条件）；
- 如项目产出不是很容易衡量的，应设定项目产出实现的指标；
- 分别列明方案国和 UNDP 对项目的投入；

- 项目下将聘请的专家、承包商和项目中主要机构（如协调委员会）的工作任务说明；
- 编制工作计划，说明开展活动的时间安排、投入及责任方；
- 项目下需要采购的设备清单；
- 监督项目或项目结果的计划；
- 项目审批委员会（PAC）应指导驻地代表，以确定上述那些内容是否应包括在项目文件中。

附件 1.1.1－1

项目文件封面　样式

＿＿＿＿＿＿＿国政府

联合国开发计划署

（其他项目合作伙伴、特别是
参与项目的联合国发展组织的成员机构的名称）

项目名称

项目概述

时间：＿＿＿＿＿

附件 1.1.1－2

项目结果及资源框架

<table>
<tr><td colspan="4">国家结果框架中阐述的预期成果：
（应将国别方案中的每一个结果标出序号：1、2 等）</td></tr>
<tr><td colspan="4">国别方案结果及资源框架中阐述的结果的衡量指标：
（应包括基线情况和目标的描述）</td></tr>
<tr><td colspan="4">本项目所属的战略支持领域（根据 SRF）：
或本项目所属的主题信托基金（TTF）的服务内容：</td></tr>
<tr><td colspan="4">伙伴关系战略</td></tr>
<tr><td colspan="4">项目名称和项目号</td></tr>
<tr><td>预期成果</td><td>年度产出目标</td><td>相关活动</td><td>投入</td></tr>
<tr><td>说明为达到结果应实现的产出（如该产出不容易衡量，应说明衡量产出的指标、基线情况和目标，以便于监督项目的变化）
（产出序号：1.1、1.2 等）</td><td>当项目较复杂，一个产出需一年以上的时间完成时，使用此栏。</td><td>说明为实现每一个产出和年度产出目标需要的活动
（活动序号：1.1.1、1.1.2 等）</td><td>说明为实现每一个产出所需的 UNDP 投入及其用途</td></tr>
</table>

附件 1.1.1 –3

项目结果及资源框架 —— 年度投入和产出预算样本

年度产出目标：

________ 年工作计划

活动描述	投入描述	预算栏	预算额
1.1.1 组织由项目办、捐助国和收益方等参加的讨论会，阐述各方的观点和兴趣，从而确定项目的优先领域和衡量指标。	国际专家 旅行费用 租金	11.01 31.01 21.01	5000 15000 5000
1.1.2 建立数据收集机制	国际专家 国内专家	11.01 17.01 17.02	5000 5000 5000
产出 1.1 所需的全部投入			40000

附件 2.1.1　项目主任任务书样本①

背景

项目主任对开发署援助项目承担实施责任，并负责就项目执行情况进行说明解释。一般来说，项目主任由项目单位正、副级领导担任较为合适。对于大型或多部门的项目，项目主任则应由更高级别的领导担任。项目主任可以任命副主任协助其完成项目主任职责。项目主任的主要职责是监督项目经理执行项目。因此，项目主任一职通常是兼职的。

责任和义务

1. 对项目的成功执行和实施承担全面责任，并就项目资源的正当和有效使用对开发署和交流中心负责。

2. 保证项目单位对项目承诺的配套投入和分摊资金及时到位。

3. 任命项目经理。

4. 监督项目经理的工作，确保项目经理被授予有效管理项目的权力，并保证其他项目工作人员有效地履行其职责。

5. 确保所要求的项目工作计划按时编制、更新，并送交交流中心和开发署代表

① 注：根据项目实际需要采用本样本。

处及相关机构。

6. 如需要，按照已批准的招聘制度，招聘项目专业人员和其他人员并在项目规定的预算栏下开支。

7. 负责安排称职的人员管理项目的财务。

8. 代表项目单位参加与项目有关的会议。

9. 确保项目文件所要求的各种产出及报告按时完成和提交。

附件2.1.2　项目经理任务书样本①

背景

项目经理负责项目的运行管理，即处理项目上的日常事务，包括制订工作计划、安排和管理项目活动等。因此，在项目执行期间，需要项目经理全职工作。项目经理可以但并不一定是项目单位的官员，其资格要求也取决于项目的规模及其复杂性。项目经理不仅应精通与项目相关的工作内容，同时还应能熟练掌握英语。

责任和义务

1. 根据项目文件及国家执行手册的规定和程序，在项目主任的领导下负责项目的日常管理。

2. 按时编写和更新项目工作计划和活动资金预算。

3. 负责准备和协商所有与项目各方的合同，并达成一致意见。

4. 向交流中心申请资金并负责资金的管理。

5. 在由外部项目合作机构实施或分包的情况下，确保这些机构按照合作协议和分包合同调度并实施项目的投入，并负责对合作机构的工作进行全面监督和协调以保证项目的预期产出。

6. 代表项目主任管理项目预算，每季度审查交流中心的财务执行报告。保证资金的及时到位和有效运用，并确保项目人员和工作人员的财务运作符合本国执行项目的程序和规定。

7. 根据计划编写年度项目报告。如需要，可与开发署代表处、交流中心协调，组织项目的三方审评及评估。

8. 监督项目人员、国内与国际专家的工作。

9. 定期向项目主任报告项目进展情况。

10. 编写项目最终报告。

① 注：根据项目实际需要采用本样本。

附件 2.1.3　季度工作计划样本

1998 年第三季度(7—9 月)

项目编号: CPR/96/103/B/01/99

项目名称: 中国贫困地区甘蔗改良

活动编号	活动内容	日程	预算栏	金额(美元)	产出	负责的机构
1.1.6	为 100 名农村人员举办 5 期培训班,X 县和 Y 县每县 50 人。	7 月 5 日至 8 月 30 日	033-002	10000	100 名农村人员接受培训	甘蔗糖业研究所
1.2.2	科学成果普及和经验交流研讨会。	9 月 1 日至 20 日	033-002	2500	成果推广研讨会	甘蔗糖业研究所
2.1.2 2.1.3	在地区示范/试验点试验挑选出的优良株系,发起和推动良种繁育和优良品种的推广。	7 月 1 日至 11 月 30 日			育种和挑选优良品种	甘蔗糖业研究所
2.1.5	第二位国内专家评估新的无性系单株,为 A、B、C 三县的育种管理、优良品种的示范及先进的栽培技术提供技术指导。	8 月 1 日至 9 月 15 日	017-001	5000	技术报告	甘蔗糖业研究所
2.2.3 2.2.4	继续进行种质研究,在国内专家的指导下进行优良种质的杂交。	7 月 1 日至 31 日	017-001	250	创造优良的甘蔗母株	甘蔗糖业研究所
2.3.9	国际专家评估项目成果,对遇到的问题提出解决的建议。	9 月 1 日至 20 日	011-002	10000	甘蔗糖业研究所的人员受到培训,选株的技术得到改进。	甘蔗糖业研究所
3.1.2 3.1.3	国内专家们指导先进的栽培技术。继续进行节水和抗旱种植技术的研究。	7 月 1 日至 30 日	017-002	1500	在贫困的甘蔗种植区完成三高种植技术。	甘蔗糖业研究所
以此类推	……					

国家项目主任姓名/签名＿＿＿＿＿＿＿＿　　日期＿＿＿＿＿＿＿＿

编写(交流中心官员)＿＿＿＿＿＿＿＿　　日期＿＿＿＿＿＿＿＿

审核(UNDP 官员)＿＿＿＿＿＿＿＿　　日期＿＿＿＿＿＿＿＿

附件2.1.4
项目预算修改首页的样本

联合国开发计划署
预算修改

项目编号：CPR/96/305/C/01/99

名称：广州有害污染物控制的能力开发

国家：中华人民共和国

根据1998年工作计划/根据三方审评会议结论：

—— 在该预算中，将预算栏021.001项下的5000美元从1997年移到1998年。

—— 1997年，将9000美元从预算栏BL021.002移至预算栏46.001。

—— 将预算栏BL045.001项下的157005美元从1998年移至1997年。

—— 在1998年，将31000美元从预算栏BL021.002移至预算栏045.001。

项目投入的变化如下：

上版预算开发署投入－项目预算号（B）	$ 600000
预算修改后的开发署投入－项目预算号（C）	$ 600000
开发署投入的变化	$ 0
上版预算费用分摊预算号（B）	$ 360000
预算修改后费用分摊预算号（C）	$ 360000
政府费用分摊变化	$ 0
总预算	$ 960000

代表政府批准	日期
代表开发署批准	日期

附件 2.2.1

执行机构与合作机构间协议样本[①]

亲爱的（联合国合作机构负责人的姓名）：

1. 根据中国国际经济技术交流中心（以下简称 CICETE）与联合国机构的名称（以下称为合作机构）就参与开发署援助、由政府执行的项目［项目的编号和名称］的合作进行协商。合作机构由交流中心（政府指定的执行机构）代表其执行项目。

2. 交流中心承认合作机构［全称］享有专门机构特权和豁免公约规定的所有特权和豁免权。(中国政府是该公约的签字国)

3. 根据项目文件以及下列条款，交流中心确认接受由合作机构为实施该项目而提供的服务。交流中心和合作机构将就附件 1 在本协议说明的服务进行密切协商。

4. 合作机构将按本协议“附件 1 服务说明”提供服务。

5. 交流中心应对开发署援助的项目实施负全责并有专人负责。

6. 在交流中心和合作机构发生争执时，双方应寻求完满解决的办法。在这期间，应按交流中心的意见执行。

7. 本协议签字后，交流中心同意按照项目支持文件或项目文件规定的预算及工作计划由联合国总部根据附件 2 服务、设施和支付日程中规定的拨付日期向联合国合作机构支付预拨款以进行项目活动。

8. 合作机构在每个季度（3 月 31 日，6 月 30 日，9 月 30 日和 12 月 31 日）向开发署代表处和交流中心提交一份累计的费用支出报告。报告的格式将按合作机构费用支出报告的标准格式，除非双方商定另外一种格式（在此情况下，该格式将作为协议的附件 3)。交流中心应把合作机构报告的费用支出包括在项目的财务报告中。

9. 如需要，合作机构在向交流中心提交费用支出报告时，应在附件 2 中调整费用和重新安排提供服务和设施的日期，调整后的附件 2 应在双方签字后生效。

10. 合作机构应向交流中心提交审计所要求的与项目有关的文件。

11. 如设备采购部分由合作机构执行的情况下，合作机构应向交流中心提交关于为项目采购的非消耗性设备的年度报告。该报告应在 12 月 25 前提交，交流中心负责将该报告包括在项目设备登记的主要清单中。

12. 合作机构应按附件 2 的第一部分向交流中心提交专家任务书和专家候选人名单，并得到交流中心对聘用项目人员的认可。

13. 由项目合作机构聘用的人员及合作机构签订合同的人员应在项目主任和交

---

① 注：根据项目实际需要采用本样本。

流中心的监督下工作。聘用人员的任务书及对其监督的程序，由双方协商确定。聘用人员应完成任务书规定的工作，对合作机构负责。

14. 凡由于项目文件任何修改有可能影响到合作机构实施的工作，交流中心负责与合作机构进行协商。合作机构的职责在协议的附件1中有明确规定。双方共同协商后的修改内容将列入该协议的修正稿中。

15. 本协议规定的有效性将维持到本项目结束之日，或合作机构按附件2完成了所有活动，或者任何一方以书面的形式终止这些安排。开发署除非得到交流中心书面的反对意见，否则将按附件2规定的付款计划向继续履行职责的合作机构付款。

16. 对于协议未尽事项，应参照项目文件的有关规定及继后的修改，以及交流中心和合作机构的财务规定和制度。

17. 除了经双方签字的协议或修正案外，其他一切有关实施本协议的信件应提交交流中心。

18. 交流中心和合作机构应让开发署代表处充分了解其履行本协议的全部活动。

19. 除了上面第6段规定的情况外，交流中心和合作机构在执行本换文中发生任何纠纷，经协商或其他双方认可的方式均未能得到解决，任何一方均可要求将此纠纷提交给三名仲裁员组成的法庭进行裁决。双方各指定一名仲裁员，这两名仲裁员再指定第三名仲裁员做法庭庭长。如在双方指定仲裁员后15天内未能确定第三名仲裁员，任何一方都可要求国际法庭庭长指定一名仲裁员。法庭将决定按自己的程序处理任何事情，条件是三名仲裁员中的任意两名即已达到法定人数，并可作出一切决定。该法庭的费用由该法庭评定的一方承担。仲裁的裁定书陈述了作出裁定的理由而且是最终裁定对各方都具有约束力。

20. 在执行本协议时所引发的第三方向开发署或向合作机构或向他们的官员或向代表他们履职的其他人员提出索赔或发生纠纷时，交流中心应负责处理，并使他们免于索赔，不因纠纷而受到伤害。协议各方一致认为，此项规定不适用于个别履职人员因玩忽职守或随意性的不轨行为而引发的索赔纠纷。

如你对上述各项条款表示同意，请签字并退回两份签字的协议原件。你的接受因此就意味着你的机构参与本项目的实施。

谨致敬意

代表（国家）的执行机构

（姓名和头衔）

（日期）

代表（合作机构）签字

（姓名和头衔）

（日期）

附件2.2.1－1

服务说明

项目编号：______________

项目名称：______________

合作机构任务：

综合概述合作机构组织的活动并阐明合作机构需发挥的主要作用

服务说明：

按项目预算分类详细说明项目投入，包括提出符合专家工作任务书要求的项目专家候选人，或招聘已选定的专家候选人。

附件：

附上相应的对国际专家的要求、合同说明书，采购设备的技术规格，培训报名表等。

附件 2.2.1 –2

提供各项服务、设施和付款的日程

- 本附件描述由合作机构提供的服务的日程。
- 本附件还显示开发署总部向合作机构拨款的计划。
- 本附件一般是以预算表的形式，如下图所示。也可采用普通表格的形式。

				预计支出的年度		付款的计划	
类别	预算栏	工作月数	总额	第一年	第……年	第一年	第……年
人员服务							
分包合同							
人员培训							
设备							
杂项							
总计							

说明：

- 人员服务的开支可能仅限于工资、津贴或其他的授权内容，包括个人收入所得税的退还和到项目地出差的差旅费、在中国的旅行和回国的费用。
- 合作机构人员在完成项目工作时需要的秘书、邮资、通信服务和交通等项的支出，可在协议规定的杂项中支出。
- 对每一类预算内部的调整，须经双方同意，符合项目文件和资助文件的规定，确保此类调整符合项目的最大利益。

附件2.3.1
服务合同（专家）

服务合同由中国国际经济技术交流中心［执行机构全称］（以下称交流中心）与________（以下称签约人）于________年________月________日签署。

交流中心愿意在________________项目下按以下条款和条件聘请签约人提供服务，而签约人已准备并愿意按所述条款和条件接受交流中心的聘请。

为此，双方达成协议如下：

一、任务

1. 任务书包含在本协议附件一关于服务说明中，并构成本协议的一部分。

根据双方协议，任务书和服务条款和条件可根据项目的需要随时作修改。

2. 签约人将在上述项目的项目主任领导下工作并向其汇报。

二、合同有效期间

本合同将于____年____月____日生效，并将根据下面第7条规定于____年____月____日终止。

本合同将不延期。

三、根据本协议的条款，作为对签约人工作的报酬，当项目主任证明对签约人按任务书进行的工作表示满意时，交流中心将向签约人支付：

1. 城市间交通费（最近路线经济舱）

2. 旅行期间每日生活津贴

3. 报酬

上述酬金在本协议签订之后以及签约人向交流中心递交工作报告后予以支付。

一切保险范围（即健康保险、生命保险、养老金等）均不属本协议规定之列，签约人确认已为自己作了适当投保。

四、待遇

签约人享受适用于和项目有关政府公务员或本合同具体规定的中国现行的年假、病假、产假。

五、签约人的地位

签约人不应被认为是交流中心的一员，也不在交流中心工作人员守则管辖范围之内。

六、签约人的权利和义务

签约人的权利与义务受本合同条款和条件的严格限制，因而签约人不从交流中心获得除本合同明确规定以外的任何利益、报酬、补贴、补偿或退休金。

签约人不因本合同可以免税，应自行负责缴纳在本合同项下领取报酬的税金。国内专家的税金根据国内有关规定由交流中心代扣。

七、合同的终止

本合同任何一方在任何时候均可终止本合同，但需提前20天书面通知另一方。

其报酬以书面通知为依据按比例支付。

如交流中心确有必要缩短合同期，签约人将得到合理的补偿；合同期每缩短一个月，将补偿不少于一周的报酬。

根据下述第十一条规定如因行为不当而需解聘，交流中心可以终止合同并于书面通知之日立即生效，在此情形下将不予补偿。

八、产权

签约人在本合同规定项下收集和编写的任何材料，诸如报告及其他文件，无论其性质如何，其产权、版权和其他一切所有权均属开发署和交流中心。签约人如欲利用前述资料编写并出版论文、文章、书籍等，需经交流中心和开发署允准。签约人为履行合同和开展工作而提供的原有的资料、报告、文件、讲义等不受本条款约束。

九、未公开的信息

除工作需要或由交流中心授权，签约人不得向任何个人、政府或交流中心之外其他的组织泄露其因执行本合同条款而获知的未公开的信息。本规定在合同结束或被终止后仍有效。

十、签约人应向交流中心报告本人在受聘前或受聘中可能参与的生意、雇用或有关活动的情况。这些活动不应与执行本合同第一条规定的活动相矛盾。

十一、行为准则

签约人应时刻按照联合国及其机构的目的和准则约束自己，不得参与和上述目的和原则或所执行项目任务相冲突的活动。签约人应避免采取不利于维持上述关系的完整、独立和公正的任何行动，尤其应避免发表任何形式的公开看法。这并不是要求签约人放弃民族情感或政治及宗教信仰。

未经交流中心的批准，签约人不得接受交流中心之外的任何部门的好处、礼物或酬金。

十二、争议的解决

任何有关本合同理解或执行方面的索赔或争议不能友善解决时，应通过有约束力的仲裁解决。仲裁委员会应由签约人指定的一位政府官员、交流中心的一位代表和双方认可的一位主席组成。

代表签约人：____________ 代表交流中心：____________

日　　期：____________ 日　　期：____________

附件一：任务书

第一部分：背景

第二部分：产出（根据项目文件有关内容，包括报告清单）

第三部分：工作内容和日程安排（尽量详细）

第四部分：签约人资格

附件 2.3.2
编写项目人员任务书须知

所有短期（少于6个月）的任务或咨询工作必须有任务书。列入计划的短期专家的任务书应包括在项目文件的附件中。任务书可以按项目文件提供的任务书原样使用，或在必要时予以修改。如果还没有任务书，应按下列提纲编写。聘请短期专家通常是为了实现某种产出，因此需逐一列出。

1. 工作职衔

2. 工作地点

3. 工作期限

4. 资格要求

（1）大学所学专业及成绩或者所接受的同等教育及培训。

（2）国内或国际工作经验的年限和工作类型。

（3）工作语言的熟练程度。

（4）特殊技能或有利于候选人做指定工作有利的专业知识。

5. 任务及责任

专家须定期执行的任务和负责的活动。

6. 应完成的产出

例如：培训课程、技术报告、进度报告和总结报告等。

7. 出差行程等。

附件 2. 3. 3

国际/国内专家报酬支付凭证

中国国际经济技术交流中心

由专家填写

兹证明下列数目系根据我所签订的特别服务协议应完成的工作和任务的报酬。

姓名：______________

工作天数：__________工作日

每日报酬：__________（美元）__________（人民币）

签名：______________　　日期：______________

由项目主任或项目经理填写

项目编号：____________________　预算栏：____________________

特别服务协议或服务合同编号：____________________

要求付款日期（如适用）：　____________________

兹证明上述收款人已圆满完成指定工作，请按照下列情况付款：

工作天数：________________工作日

每日报酬：________________（美元）________________（人民币）

项目主任/经理姓名：____________________

签名：　　____________________　　日期：____________________

由交流中心负责官员填写

请根据上述支付通知书向专家付款。

负责官员签名：____________________

处长签名：____________________　　日期：____________________

附件 2.4.1

国内培训计划（格式）

中国国际经济技术交流中心

项目编号/名称：____________________

1. 培训活动名称：____________________

2. 培训时间和期限：____________________

3. 培训类型（选择）

   ________国际：________ 考察　　________短期培训

   ________国内：________ 研讨会　　________短期培训

4. 培训地点（注明接待单位）：____________________

5. 学员：

   人数________，其中女性________　男性________

   学员名单：包括姓名 、性别、工作职务及单位名称

6. 培训目的：（详细说明要求学员掌握的知识与技能）

7. 本培训活动与项目的关系：

8. 学员计划旅行日程：

9. 培训活动预算：

10. 提供报告的时间：

附件2.4.2
编制国内培训活动预算须知

负责组织或安排国内培训班、研讨会或其他国内团体培训活动的项目工作人员，在编制培训活动的预算、获取经费及进行结算时应遵守下列须知：

一、编制预算

在培训活动开始之前，组织者应编制预算，注明预计花费的各项不同开支。应根据下列要求制定开销：

1. 支付限额（详见财务细则）

2. 支付范围

（1）食宿

（2）交通

（3）文具

（4）翻译

（5）培训场所及设备租用费

（6）培训教材

3. 定价的基本做法

应尽可能通过询价，使场地租金、打印/制作培训资料或翻译等服务费定价合理具有竞争性。

费用估算应注明从哪一个预算栏项下支付，经项目主任或经理批准之后交交流中心。交流中心可根据需要，在活动开始前最高预付全部预算80%的费用。

二、培训费用的结算

报销时，需提供支付授权、费用明细清单、与会人员名单（清单、名单需经项目主任签字）及收款发票到交流中心报销。如培训活动由项目单位承担，则项目单位应保留所有原始发票，以备年度审计。

培训活动结束后，超出预算的开支可酌情从项目项下报销，但报销时须提供下列凭证：

1. 培训场地租金的报价以及相关的原始发票/收据。

2. 列有费用标准的翻译服务合同或协议。

3. 打印/制作培训资料的合同和发票/收据。

4. 项目主任出具的证明承办方已圆满完成各项任务的函。

5. 注明学员人数和培训期限的培训报告。

附件 2.4.3

国外短期培训报名表

中国国际经济技术交流中心

项目编号：______________　　　　日期：______________

1. 候选人姓名：______________　　2. 出生日期：______________

3. 目前职业 ：______________　　4. 性别：______男______女

5. 邮寄地址/电话/传真号码：______________________________

6. 培训活动使用的语言：______________

使用该语言的水平（选择一项）：______很好 ______ 好 ______ 一般

7. 学历（高中毕业后）

学校名称	学习日期	专业	获得的学位
______	______	______	______
______	______	______	______
______	______	______	______
______	______	______	______

8. 现任职位和单位

______________　______________________________

9. 与培训内容有关的工作经历

工作时间	工作内容
______________	______________________________
______________	______________________________

候选人签名：______________

核准：

项目主任：______________　　　　签名：______________

附件 2. 5. 1

设备采购申请表 <　　年度 >

项目号：＿＿＿＿　项目名称：＿＿＿＿　项目单位名称：＿＿＿＿

联系人姓名：＿＿＿＿　联系地址及邮编：＿＿＿＿　电话：＿＿＿＿　传真：＿＿＿＿

设备名称	数量	技术规格	用途	参考价	资金来源		到货口岸	预算栏目	分摊费用到位情况
					UNDP	分摊			

项目处处长：＿＿＿＿　日期：＿＿＿＿　项目官员：＿＿＿＿　日期：＿＿＿＿　项目主任：＿＿＿＿

设备处处长：＿＿＿＿　日期：＿＿＿＿　采购官员：＿＿＿＿　日期：＿＿＿＿　填表日期：＿＿＿＿

附件 2.5.2

询价报告表

中国国际经济技术交流中心

项目号及项目名称：

预算栏：

	厂商或供货商		
提供的型号或规格			
单价			
数量			
总额			
交货条款			
装运港			
原产地			
单据			
安装和调试			
保修/担保			
备注			
建议：			

签字：1. 采购官员：＿＿＿＿＿＿＿＿　　日期：＿＿＿＿＿＿＿＿

2. 设备处处长：＿＿＿＿＿＿＿＿　　日期：＿＿＿＿＿＿＿＿

批准：3. 项目主任：＿＿＿＿＿＿＿＿　　日期：＿＿＿＿＿＿＿＿

附件2.5.3

中华人民共和国

中国国际经济技术交流中心

(CICETE)

北三环中路18号　　电话：62020687

中国北京　　传真：62011328

邮编：100011　　电子信箱：porcurement@ cicete. org

采购合同

邀标编号：　　所有货物外包装及运输文件

项目编号：　　所有发票

合同编号：　　所有信函

项目名称：　　均需注明合同编号

合同日期：

卖方：　　电话：

地址：　　传真：

交货条款：

交货日期：

付款条款：

依照我方招标/询价编号为__________请根据本合同规定之条款和条件交付如下货物：

序号	描述	数量	单位	单价	金额
	总额（价格术语）				

起草人：　　买方（签字）：　　卖方（签字）：

职务：____________________　　职务：____________________　　职务：____________________

日期：____________________　　日期____________________：　　日期：____________________

原　件

1. 原产地及生产商：
2. 交货日期：
3. 单据：
4. 保修和担保：
5. 装运标记：

卖方应在所有包装上用英文注明以下标记：

Order No. （合同编号）

Country of Origin：（原产国）Consignee：（收货人）

China International Center for Economic and Technical Exchanges

No. 18. Bei San Huan Zhong Lu，Beijing 100011 P. R. China

Tel：62020687 Fax：62011328（交流中心地址、电话和传真）

XXXX－XXXXXXXXX（合同编号）

Shipping Mark：－－－（唛头）

SHANGHAI，CHINA（目的地）

Destination：SHANGHAI，CHINA（目的地）

Gross/Net Weight（KGS）：（总/净重：公斤）

Volumes，Dimensions of Packages：（件数，外包装尺寸）

Port of Shipment：（装运港）

6. 付款条款：即期信用证（根据实际采取的信用证、汇付或托收等付款条件，注明不同条款。此处以即期信用证为例）

此采购合同的全额，即×××××美元，应通过即期信用证付款。卖方应于装运期前 30 日通知买方货物备妥。买方在接到此通知后通过中国银行开立以卖方为受益人的不可撤销信用证。信用证在货物装运后 15 日后有效。

发生在中国境内的所有银行费用由买方负担；发生在中国境外的所有银行费用由卖方负担。

卖方在采购合同中指明部分签字并返还两份签妥合同；或卖方交付合同规定的货物，均视为采购合同被接受。合约方的权利和义务应受本合同及其附件中条款和条件的约束。

合同的一般性条款及运输指示见附件

如遇质量问题，请直接与合同中的生产厂家或供货商联系

供货商的介绍人亦应对此合同负责

买方：______________	卖方：______________
职务：	职务：
起草人：______________	介绍人：______________
职务：	职务：

2.5.3－1
采购合同的一般性条款

1. 卖方接受

卖方签署并退还中国国际经济技术交流中心（以下称交流中心）一式两份的合同或交付合同指定的货物即被视为接受合同。

2. 采购合同的地位

一旦卖方接受，此采购合同即成为约束交流中心和卖方的合约。

3. 权利和义务

合同各方的权利和义务均受采购合同条款和条件及其合同附件的制约。

4. 例外

在没有事先得到交流中心书面批准的情况下，卖方不得违反合同的任何一项条款和条件，或对合同中规定的任何货物的数量或规格进行更改。

5. 转让

在没有事先得到交流中心书面批准的情况下，卖方不得将合同中规定的卖方权利或义务转让给或将其中的一部分分包给其他人。

6. 错误

当合同列明的设备单价和总价存在计算错误时，应以单价为准；但是，在没有事先得到交流中心书面批准的情况下，任何更改不得导致总价超出合同规定的金额。

7. 出口许可

对于采购合同中规定的货物，如果该货物原产国对其出口要求办理出口许可证，则卖方应负责获取该出口许可证。

8. 税、关税

卖方应负责支付其在中国境外因执行采购合同所发生的一切税和关税。

9. 语言

所有与采购合同有关的往来信函、手册、目录以及单据均应使用中文或英文。

10. 担保

卖方应保证在采购合同下所提供的全部货物是崭新的、未曾使用过的，并且与采购合同所订明的规格标准相符。卖方还应保证这些货物在正常工作条件下运行时，能够达到卖方在提供给交流中心的报价和文字说明中所述的性能。

11. 装运前检验

在货物装运前，卖方应对所运货物进行仔细、彻底的检验，包括货物的数量、质量、规格、操作条件和运输重量。卖方根据检验结果准备一份适合的检验证明，但是此检验证明不应被认为是无可争议的。无论是由卖方还是其他方所做的专项检验的结果也应附在检验证明后。

12. 货物的接受

货物到达目的港后，应对其数量、质量、规格和重量进行检验，并据此出具检验报告。当出现不符的情况时，除非交流中心已与卖方商定了解决办法，交流中心有权要求卖方用与所支付货款相同的货币退回有关货物的全部货款并且赔偿交流中心的直接损失，包括利息损失、银行手续费、运费、保险费、商检费、卸货费、滞港费以及不超过60天的货物保管费用，但向保险公司或承运人的索赔权除外。

13. 延迟交货

如果卖方因非人力不可抗拒的其他原因而（见本一般性条款第14款的规定）导致未能在采购合同规定的交货期内交货，且在交货期到后60天内仍未交货的情况下，交流中心有权取消此采购合同。

14. 不可抗力

此处不可抗力系指，非由当事人任何一方造成的或在其控制范围之内的，任何一方无法克服的天灾、工业动荡、面对公众的敌意行为、社会动荡、爆炸以及任何其他类似力量造成的情况。在出现不可抗力情况后14日内，受影响一方应通过传真或电报方式将此情况通知另一方，并于之后7日内以挂号信方式向另一方发出确认信。当不可抗力持续存在超过连续120日时，任何一方均有权取消采购合同。

15. 交流中心终止合同

在如下情况发生时，交流中心可以在不损害交流中心其他权利和补救的情况下，终止或部分终止采购合同：

（1）卖方未能在合同规定的交货期或本一般性条款中其他部分所允许的任何延长期内交付合同所规定某些或全部货物。

（2）卖方未能按合同的规定履行其他义务；并且在出现前述任意一种情况时，在收到交流中心开出的卖方未履行义务的书面通知后30天内（或在一般性条款中其他地方可能已规定的更长期限内），仍未改正其错误。当根据此条款的规定采购合同被终止或部分终止时，交流中心有权在其认为适合的情况下，按同样的条款、以同样的方式购买与未交的货物或服务相类似的货物或服务。卖方应负担此种购买行为所产生的价格差异，同时应继续执行合同中未被终止的部分。

16. 卖方倒闭

如果卖方出现倒闭或无偿付能力，交流中心有权以书面形式通知卖方终止采购合同，且这种终止合同的行为并不损害交流中心已经产生或之后将要产生的任何附加的权利和资源。

17. 仲裁

所有对合同及附件本身的争议或与之相关的争议，除非已通过直接谈判方式解决，否则均需参照申请现行的中国国际经济和贸易仲裁委员会的仲裁条例。仲裁结果对双方具有最终的约束力。《联合国国际货物销售合同公约》应被自动采用。

18. 付款

交流中心应按照采购合同支付条款的规定对提供的货物和服务进行付款。付款日应从收到卖方提供的发票和相关单据的日期开始计算。

2.5.3－2

CIF 价格术语下运输指示

1. 备货通知：卖方应在距装运日至少45天前，以电传或电报方式通知交流中心。通知内容包括合同编号、即将要发出货物的品名、数量、件数、总毛重和体积，以及货物备妥可以运交装货港的日期。卖方应同时用航空邮件向交流中心发出货物详细清单，注明合同编号、货物的品名、规格、数量、总重量、外包装的公制尺寸（长、宽、高）、单价和总额、装货港、货物备妥运交装货港的日期，并且向交流中心告知任何有关货物运输和储存的特殊要求。

2. 租船订舱：卖方应负责租船订舱、安排货物运输，并负担货物运至合同指定目的地港口的全部运费。卖方应保证运输安排能够使货物按合同规定的日期运抵目的地。货物不得转运。

3. 装运通知：卖方应在距装运日至少10天前，以传真或电报方式通知交流中心船名、预计离港时间、货物的详细情况（包括货物数量、重量和体积），并注明合同编号。

4. 提单：提单日期应为货物装上船只的日期。

5. 包装指示：除非另有规定，发运的货物应采用适于长途海运、邮递或空运的，能够适应天气变化且能很好抵御潮湿和振动的、结实的木箱或纸箱进行包装。因不当包装造成的货物损坏、或因对包装未采取充分的或适当的保护措施造成的货物锈损，应由卖方负责，卖方应承担由此产生的一切费用。包装箱内应备有一套完整的服务和操作指南。

6. 运输标志：卖方应在每件货物相邻的四面，用不掉色的涂料，用显著英文印刷以下标志：

（1）合同规定的收货人的名称和地址；

（2）合同编号；

（3）合同规定的特殊标志和符号；

（4）合同规定的任何编号标志；

（5）目的港；

（6）内容描述，包括货物编号和箱号；

（7）总净重（公斤数）；

（8）外包装的尺寸（长、宽、高）。

7. 特殊标志：卖方应对任何一件重量为2吨或2吨以上的货物用英文国际标识标明重心和挂钩处，以便装船、卸船和搬运。卖方还应根据需要在外包装上适当地注明在国际商务中使用的标记，如：此面朝上、易碎、小心搬运、干燥等。

8. 保险：卖方对运输中的一切风险要按货物发票价值的110%投保。

9. 装运通知：卖方应在货物装船后24小时内，用传真或电报的方式通知交流中心，包括合同编号，货物的详细描述、数量、总重和体积，并注明船名和起航日期。

10. 单据：卖方应提供以下单据供付款使用：

（1）清洁的海运提单/空运提单的一份正本及两份副本；

（2）合格发票的一份正本及四份副本；

（3）五份装箱单；

（4）五份卖方或第三方出具的质量保证书；

（5）两份保险单/证书；

（6）合同中规定的任何其他单据。

附件 2.5.4

United Nations Development Programme
联合国开发计划署

UNDP
Logo

第一章 RECEIVING AND INSPECTION REPORT
验收报告

PLEASE SIGN AND RETURN TO UNDP AFTER DERAILED INSPECTION OF CONSIGNMENT
仔细检验货物后，请在此报告上签字并退回本代表处。

Project No. ______________ Filling Date. ______________
项目号 填表日期

Purchase Order No. ______________ AWB or B/L No. ______________
订单号 提单号

Description ______________________________
品名

We confirm that this consignment has been received and inspected. (Please mark with × in the appropriate box)

兹证明收到此货，经检验证实：(请在适当的方格内打 ×)

☐ The consignment is in good condition and is in conformity with the original specifications.
设备完好并与原订单要求的规格相符。

☐ The consignment is damaged (attached explanation, survey report, insurance documents and claim against the carrier).
货物有损坏。(见说明、检验证明、保险单证和向承运人索赔单)

☐ The equipment does not function well (attach English explanation).
设备性能不良。(见英文说明)

☐ The equipment is not in conformity with the original specifications (attach English explanation).
设备与原订单不符。

Signature by the NPD ______________
项目主任签字

Chinese Organization ______________
单位

Date ______________
日期

2 Liangmahe Nanlu, Beijing 100600, China Tel: (8610) 65323731 Fax: (8610) 65322567
北京亮马河南路二号 邮编：100600 www.unchina.org/undp

附件 2.5.5

非消耗性设备库存清单表

项目编号和名称：

中国国际经济技术交流中心

所采购的设备						移交 / 处置			
日期	名称	序号	库存号	成本	存放地点	日期	缘由说明	数量	目的地

验证：________________　　　　日期：________________

项目主任

附件2.5.6
联合国开发计划署向中国政府移交非消耗性物资和设备所有权的函

联合国开发计划署在此移交，同时中国政府在此接受随附设备清单中所列物资和设备的全部所有权，金额共计 ____________ 美元。

这些物资和设备代表了联合国开发计划署在项目（ / / ）中向中国政府提供的援助。该设备移交的生效应遵循联合国开发计划署的规章和准则。

所有权的移交是建立在如下共识的基础上，即物资和设备应根据项目文件的规定在指定的地点、采用指定的方式且完全地用于指定的用途，并应遵守该文件中做出的各项限制。

代表中国政府：

	________	________	________
	签字	姓名	职务
（政府盖章）	________	________	
	地点	日期	

代表联合国开发计划署：

	________	________	________
（联合国开发计划署盖章）	签字	姓名	职务
	________	________	
	地点	日期	

附件 2.6.1

分包评估表

项目编号和名称：

分包的名称/说明：

分包的预期费用：________________美元（人民币________________元）

分包预算栏：________________

评估内容应至少包括以下五项标准：

1. 分包商资质
2. 技术因素
3. 财务因素
4. 价格
5. 付款条款

准备人：____________________

批　准：____________________（项目主任）

日　期：____________________

附件 2.6.2

分包合同

合同日期：________________

合同名称：________________

合同编号：________________

执行机构：中国国际经济技术交流中心

承包方：__________________________

1.0　**合同文件**

1.1　承包方与执行机构同意遵守：

（1）本合同所作规定

（2）附件一：任务书

（3）本合同任何其他附件

2.0　**承包方的责任**

2.1　承包方应根据本合同提供并完成（附件一：任务书）所规定的服务（*以下称服务*）

2.2　为此，承包方将提供下述人员参与服务：

（此处注明承包方的专家或工作人员）

2.3　承包方将向执行机构提供如下报告：

（此处注明任务书规定的报告的名称）

2.4　所有报告应用中、英文两种文字完成，且应详尽说明在本合同下完成的工作。所有报告应由承包方转交至合同规定的地址。

2.5　承包方应与项目主任保持密切联系与合作，接受项目主任的指导。

2.6　承包方应负责其专家所有种类险别的投保。承包方应负责缴纳其专家或工作人员在本合同项下领取酬金的税金。

3.0　**报酬和付款**

3.1　执行机构作为对承包方提供服务的全部补偿，应付给承包方最高（*美元或人民币的数量*）。

3.2　执行机构应在得到项目主任对承包方工作的认可后根据合同向承包方支付报酬。

3.3　执行机构应按照以下安排支付承包方提供的服务：

（说明付款安排。可以是工作全部完成后的一笔总付；也可以是在承包方完成阶段性任务或完成某个产出，并得到实施机构认可后进行的分期付款。）

3.4　承包方不得在未经本合同执行机构方签字人（见下述5.0款）做出书面认可的情况下，进行任何可能导致费用超过3.1款所规定金额的工作，或提供任何设备、材料、物资，或从事任何其他的服务。

3.5　执行机构在接到发票并已认可和接受与该发票相关的工作后，应于收到发票之日起30日内付款。所有款项应付至承包方的银行账户：

银行名称：________________

银行地址：________________

账号：____________________

执行机构的这种付款行为，不应被理解为承包方得以因此解脱其在合同下应承担的责任。

4.0　**特别条款**

4.1　本合同应在双方全权代表在下述5.0款签字后生效。

4.2　承包方应在______年 ____ 月 ____ 日之前开始进行服务，并应从开始之日起 ______ 年 ____ 月____ 日内全部完成其服务。

4.3　承包方及其工作人员在本合同项下收集和编写的任何材料诸如报告和其他文件的著作权归开发署和交流中心所有；承包方及其工作人员如欲利用前述资料编写或出版论文、文章、书籍等，应征得联合国开发计划署和执行机构的同意。承包方及其工作人员为履行合同和开展工作而提供的原有的资料、报告、文件、讲义等不受本条款约束。

4.4　除工作需要或由执行机构授权，承包方及其工作人员不得向任何个人、政府或执行机构之外其他的组织泄露其因执行本合同条款而获知的未公开的信息。本规定在合同结束或被终止时仍有效。

4.5　执行机构给承包方支付的报酬已包括承包方及其工作人员应交纳的各项税收。承包方不应向执行机构另外申请税收补贴。

4.6　在本合同下要求做出或提交、或允许做出或提交的任何通知、请求或批准，均应用英文书写。这种通知、请求或批准在以下情况下被认为是正当地做出或提交的，即它应该是通过手递、邮寄、电报、传真或电传，并提前天，按照下述指定地址或一方通过书面形式向做出通知或提交请求的另一方指明的其他地址，送达应该向其做出或提交的一方的。

4.7　任何有关本合同理解或执行方面的索赔或争议不能友善解决时，应通过有约束力的仲裁解决。仲裁委员会应由承包方指定的一位政府官员、执行机构的一位代表和双方认可的一位主席组成。

5.0　争端解决

5.1　任何有关本合同理解或执行方面的索赔或争议不能友善解决时，应通过有约束力的仲裁解决。仲裁委员会应由承包方指定的一位政府官员，执行机构的一位代表和双方认可的一位主席组成。

6.0　签字和正式地址

执行机构：<u>（签字）</u>	承包方：<u>（签字）</u>
（姓名和职务）	（姓名和职务）
地址：________________	地址：________________
________________	________________

附件一、任务书（参考格式）

第一部分：背景（根据项目文件项目有关内容）

第二部分：产出（具体的成果，报告的具体清单等）

第三部分：工作内容和计划（详细的进度安排）

第四部分：承包机构和参与人员的资格要求

附件 2.6.3

分包付款证明

执行机构：中国国际经济技术交流中心

项目编号和名称：____________________

分包编号：________________　　　　　　预算栏：________________

兹证明上述分包中涉及的服务已经圆满完成。请查收并根据随附发票/收据向承包商支付如下金额：

美元________________（或）人民币________________元

项目主任签字：________________　　　　日期：________________

附件 2.7.1

季度财务报表

一、介绍

1. 财务报表具有三大功能：

（1）列支上季度项目开支

（2）报告上季度剩余资金

（3）申请下季度预拨款

2. 财务报表由人民币报表和美元报表两部分组成。

3. 财务报表分别报告项目月和季度的开支。

4. 每个项目可一揽子申请预拨款，无须按照预算栏和分类申请。

5. 执行机构应在每季度最初的 15 天内向代表处提交财务报表。代表处应在收到财务报表后两周内提供预拨款。

6. 开发署代表处对执行机构的预拨款按拨付当日开发署的汇率计算。人民币的正常预算分摊按收款当日的开发署汇率折算。开发署有责任将联合国汇率及时通知执行机构。

二、执行机构填写财务报表

1. 国家名称。

2. 项目编号。

3. 项目名称。

4. 季度周期的起止日期。

5. 资金来源编码。

6. 申请的预拨款的币种。

7. “开账余额”：新季度开始时未付的以当地货币计量的预拨款余额必须与上一次财务报表中的“关账余额”（第 13 项）完全相符。对于新的方案或项目，此金额应为零（另见下述“申请首次预拨款”）。

8. “已收预拨款”：本预算年度收到的以当地货币计量的预拨款金额。每份财务报表只记录一笔已收到的预拨款。

9. “可用资金”：指 7 项“开账余额”与 8 项“收预拨款”之和。

10. “分栏列支”：记录该季度每个分栏下发生的支出。列 I 为科目；列 II 为预算分类；列 III 为逐月和季度合计支出。

11. “逐项科目”：对项目活动按预算栏分类。

12. “支出总额”：支出总和。

13. “关账余额”：9 项“可用资金”减 12 项“支出总额”之差。

14. “应付款”：记录交流中心必须支付但截至本季度末尚未支付的余额，这也应包括在下一季度将要支付的款项里，例如：合同下已完成服务的应付款、已下订单或已收到货物但未支付的票据。

15. “预计支出”：根据最新的项目工作计划预测的下一季度的现金支出，但不应包括 14 项“应付款”下已经反映的支出。

16. “需求总额”：12 项“应付款”与 13 项“预计支出”之和。

17. “申请预拨款”：指下一季度需要的资金，即 16 项“需求总额”减 13 项“关账余额”之差。开发署代表处在审查和批准后，按此金额通过支票/银行直接汇款。

财务报表送交开发署代表处之前，必须由交流中心代表在财务报表上签字并注明日期。

新项目申请首次预拨款时，应填写财务报表（人民币和美元表）的表头部分以及 15 项“预计支出”、16 项“需求总额”、17 项“申请的预拨款”。其他各行和栏无须填写。

所有尚未结束的项目在第一季度均须填写财务报表。但从第二季度开始，如上季度没有收支往来，下季度又不申请预拨款，则无须填报财务报表。

三、开发署代表处对财务报表的审核

开发署代表处收到财务报表（人民币和美元表）后，应先核实以下内容，并在收到报表后的15天内向交流中心拨付预拨款：

1. “开账余额”与上次财务报表中的“关账余额”相符。
2. “进账预拨款”，确认与开发署代表处的纪录相符。
3. 报表计算无误。
4. 根据项目预算、工作计划和其他文件，检验“应付款”“预计支出”“需求总额”是否合理。
5. 确认汇率。
6. 准备并向交流中心提供预拨款。
7. 在“驻地代表处批准/签字”处签字并注明日期。

财务报表

（1）执行机构________________

（2）项目编号________________

（3）项目名称________________

（4）实施期限________________

（5）资金来源编号________________

（6）币种________________

人民币或美元表（如同时预拨美元和人民币，则需分别填写此表）

（I）	（II）	（III）			
		月支出	月支出	月支出	合计支出
（7）开账余额					
（8）已收预拨款					
（9）可用资金		（7）+（8）			
分栏支出	CMBL				
专家	11.01				
行政费用	13.01				
联合国志愿人员	14.01				
差旅费	15.01				
差旅费（机构）	16.01				
国内专家	17.01				
分包	21.01				
国外培训	31.01				
国外考察/国内培训	32.01				

续表

(I)	(II)	(III)			
		月支出	月支出	月支出	合计支出
设备	45.01				
印刷费等	52.01				
杂费	53.01				
小额信贷 —— 信贷	71.01				
小额信贷 —— 赠款	72.01				
(10) 支出总额					
(11) 关账余额		(9) - (10)			
(12) 应付款					
(13) 预计支出					
(14) 需求总额		(12) + (13)			
(15) 申请的预拨款		(14) - (11)			

政府批准/签字：

职务：

日期：

驻地代表处批准/签字：

职务：

日期：

附件 2. 7. 2

付款授权

项目编号：________________ **付款日期：**________________

项目名称：________________

付款方式：支票（ ）、信用证（ ）、现金（ ）

（A 部分）：根据开发署的要求，我特此申请项目支助处支付如下费用，并证明此笔费用以前从未申请过。按项目文件，据政府要求或合同条款支付其提供的物资或服务费用。支付依据的原始文件附在申请之后。而且，该笔付款申请在当年财政预算范围内。

收款人名称及地址	收款人银行名称、地址及银行账号	金额及货币单位	预算栏	支付缘由
Name of the payee and Address	Name of the Bank address and Account No.	Amount and Current Unit	Budget Line	Reasons of payment

（B 部分）：交流中心项目处使用

申请：________________ 审批：________________

（C 部分）：交流中心支助处使用

申请：________________ 审批：________________

（D 部分）：交流中心主任

审批：________________

附件 2.7.3

直接付款授权样本

项目编号:CPR/00/660/E/01/99
项目名称:私营部门伙伴关系的加强
付款方式:支票(*) 信用证( ) 现金( )
付款日期:12/17/2002

致:

联合国开发计划署驻地代表

自:

中国国际经济技术交流中心主任

主题:直接付款

A 部分:

根据 UNDP 的要求,我在此提出请 PSD 支付如下费用。兹证明此笔费用从未被提出付款要求,符合项目文件规定。供货或服务部门的工作符合合同规定,政府表示满意。所付原始基础文件齐备。此外,还证明该付款授权的金额在当前财政年度可用预算的范围内。

收款人名称及地址	收款人银行名称、地址及银行账号	金额及货币单位	预算栏	货物或服务描述
XXX 公司或 XXX 单位		人民币 82660.00	053088	该款项用于支付联合国开发计划署管理费,金额为 10000 美元
经办人:			批准:	

B 部分:由联合国开发计划署项目处填写

该付款授权与经批准的项目文件一致

经办人:__________

日期:__________

批准:__________

日期:__________

预算栏	当前年度 经批准的预算	当前年度 总费用	当前年度 可用预算	此次付款申请(US $)

批准:__________ **日期:**__________

经办人:__________ **DV/LC No:**__________

附件 2.7.4

授权开发署代表处直接付款所需文件

一、专家付款

1. 机票：机票存根和航空公司或旅行社的发票/收据；

2. 每日生活津贴：从离开城市到工作目的地的旅行日程（往返日期及时间）。国际和国内专家均须填写开发署代表处提供的F10旅行报账表的正反两面。

3. 报酬/费用：支付专家报酬的证明和特别服务协议复印件。

二、分包商付款

分包合同复印件、发票及合同规定的付款支持文件。

三、设备供货商付款

合同复印件、发票及合同规定的付款支持文件。

附件 2.7.5

现金收支分类账

<table>
<tr><th rowspan="2">日期</th><th rowspan="2">说明</th><th rowspan="2">支票号</th><th colspan="2">收款（借方）</th><th colspan="2">支付（贷方）</th><th rowspan="2">余额</th><th colspan="3">分配</th></tr>
<tr><th>月</th><th>累计</th><th>月</th><th>累计</th><th>借方</th><th>贷方</th><th>预算栏或账号</th></tr>
<tr><td></td><td></td><td></td><td></td><td></td><td></td><td></td><td></td><td></td><td></td><td></td></tr>
</table>

附件 2.7.6

政府支付分类账

预算/预算栏号的说明：____________

<table>
<tr><th rowspan="2">日期</th><th rowspan="2">说明</th><th rowspan="2">年度
预算 1</th><th rowspan="2">发票号或
备查号</th><th rowspan="2">支票
号</th><th colspan="3">支付</th><th rowspan="2">预算余额
1 - 2</th></tr>
<tr><th>月</th><th>季度</th><th>年度
小计 2</th></tr>
<tr><td></td><td></td><td></td><td></td><td></td><td></td><td></td><td></td><td></td></tr>
</table>

附件 2.7.7

开发署现金预拨分类账

日期	说明	预拨收账			支付						差额
		季度	年度小计	累计 1	季度	本年小计	累计 2	季度	年度小计	累计	预拨 1－2

附件 2.7.8

开发署直接付款监控分类账

预算/预算栏号的说明：____________________

日期	说明	直接付款预算 1	发票或备查号	直接付款			预算余额 1 － 2
				月	季	年度小计 2	

附件 2.7.9

本国执行项目审计用文件清单

为进行有效审计，审计人员要求获取所有与项目有关的文件和档案的原件或复印件。开发署代表处、交流中心和项目单位至少需向审计人员提供下述文件：

	文件	文件准备方		
		开发署代表处	执行机构	项目单位
1	项目文件及相关文件	×	×	×
2	全部预算修改	×	×	×
3	原始和修改的工作计划	×	×	×
4	开发署项目财务分类账	×		

续表

	文件	文件准备方		
		开发署代表处	执行机构	项目单位
5	开发署直接付款授权	×	×	
6	项目单位的支出明细	×	×	×
7	执行机构财务报告	×	×	
8	综合执行报告（CDR）	×	×	
9	付款凭证（DV）及有关文件	×	×	
10	机构间凭证（IOV）	×		
11	当地返还的预拨款（ARL）	×	×	
12	年度审评报告及会议决议	×	×	×
13	评估、其他审评和最终报告	×	×	×
14	年度设备盘点表	×	×	×
15	设备所有权转让文件	×	×	×
16	授权签署财务报告的政府官员名册及签字样本	×	×	
17	联合国各阶段业务汇率	×	×	

全球环境基金

全球环境基金运行模式

全球环境基金（简称 GEF）向符合条件的联合国开发计划署和世界银行成员国提供赠款和优惠贷款，共同资助以保护全球环境和促进可持续经济发展为目标的项目和计划。全球环境基金是一个独立的国际机构，创建于 1991 年，最初是作为一个示范项目，1994 年正式成立。全球环境基金的目的是根据协议向有利于全球环境的活动提供净增加资金部分，资助的项目集中在六个领域，即：气候变化、生物多样性、国际水域、有机污染物、土地退化和臭氧层保护。气候变化框架公约、生物多样性公约和有机污染物公约指定全球环境基金作为其资助渠道，只有批准了相关公约的国家才有资格申请全球环境基金的资助。

全球环境基金的资金是通过执行机构，如联合国开发计划署（简称 UNDP）、联合国环境规划署（简称 UNEP）和世界银行提供给各国的。

全球环境基金秘书处在职能上独立于这三个执行机构，直接对全球环境基金理事会和大会负责并为其提供服务。财政部负责协调全球环境基金中国的项目。

全球环境基金中国项目一览表

（截止日期：2010 年 6 月 30 日）

（单位：百万美元）

项目名称	GEF 赠款	财年	批准日期	进度
船舶废弃物处理项目	30.00	1992	5/1992	已完成
温室气体排放控制项目	2.00	1994	12/1994	已完成
四川天然气输送分配恢复项目	10.00	1994	3/1994	已完成
四川天然气输送分配恢复研究项目	1.40			已完成
生物多样性行动计划	1.68	1994	5/1994	已完成
自然保护区管理项目	17.90	1995	1/1995	已完成
工业锅炉项目	32.80	1997	12/1996	已完成
节能项目	22.00	1997	4/1997	已完成
可再生能源项目	27.00	1998	4/1998	已完成
北京环境项目二期	25.00	2000	06/2000	正在实施
节能农村卫生所项目	0.75	2001	06/2001	已完成
林业可持续发展项目（保护区管理子项目）	16.00	2002	04/2002	正在实施

续表

项目名称	GEF 赠款	财年	批准日期	进度
节能项目二期	26.00	2003	06/2003	已完成
滇池水生生物多样性项目	0.98	2003	04/2003	正在实施
甘肃新疆畜牧业发展项目	10.00	2004	09/2004	已完成
广东珠江三角洲城市环境项目	10.00	2004	06/2004	正在实施
海河流域综合水资源管理项目	17.00	2004	04/2004	正在实施
供热改革和建筑节能项目	18.00	2005	03/2005	正在实施
可再生能源规模扩大项目	40.22	2005	06/2005	正在实施
多氯联苯（PCB）管理和处置示范项目	18.34	2006	12/2005	正在实施
白蚁防治氯丹和灭蚁灵替代示范项目	14.36	2006	06/2006	正在实施
宁波水环境项目	5.00	2006	06/2006	正在实施
山东环境二期项目	5.00	2007	02/2007	正在实施
第二辽宁中等城市基础设施项目	5.00	2007	06/2007	正在实施
适应气候变化农业开发项目	5.00	2008	04/2008	正在实施
能效融资项目	13.50	2008	05/2008	正在实施
城市交通合作伙伴计划项目	21.00	2008	06/2008	正在实施
火电效率提高项目	19.70	2009	05/2009	正在实施
上海农业和非点源污染减少示范项目	4.788	2010	06/2010	正在实施
贫困农村地区可持续发展项目	4.265	2010	06/2010	正在实施

全球环境信托基金外部审计和财务报告及监管受托协议

介绍

1. 此文件用于知会委员会关于为 GEF 财务审计和准备提交理事会的周期性经审计和未经审计财务报表所订立的协议。

背景

2. GEF 的会计年度为 7 月 1 日至 6 月 30 日。尽管 GEF 机构针对其活动存在同步计划以及预算周期，但其会计及审计报告期间由其规章决定，在期间长度和截止日期上存在差异。受托人、秘书处以及世界银行执行机构活动和 GEF 的会计年度截止日期均为 6 月 30 日，并接受一致的年度审计。另一方面，UNDP 和 UNEP 的会计年度为 1 月 1 日至 12 月 31 日，每两年为一个审计循环，该循环结束于 12 月 31 日。

外部审计管理协议在代理机构间也有所不同：IBRD 和秘书处的外部审计目前由六大国际会计师事务所之一的普华永道执行，而 UNDP 和 UNEP 的外部审计由联合国审计委员会执行，该审计委员会包含由联合国大会选择的政府审计部门。

3. 根据以上操作考虑，受托人就是否代理机构应该采取会计年度截止于 6 月 30 日的每年度审计循环问题开启了与 UNDP 和 UNEP 的对话。以上两个代理机构均表示不能改变其 12 月 31 日的会计年度截止日。UNDP 和 UNEP 均属于联合国系统；如改变其截止于 12 月 31 日的会计年度，则会落后于联合国系统的其他部门，从而导致准备联合国活动综合报告以及跨机构账目调整上的困难和成本增加。联合国审计委员会进一步知会 UNEP，保持其 12 月 31 日的会计年度截止日以便于报告 GEF 财务报表是更为适当可取的。以上两个代理机构都确定能够采用每年度，而不是其经常采用的两年度审计循环，GEF 审计循环截止日为 12 月 31 日。

4. IBRD 测试了其 GEF 活动采用 12 月 31 日为会计年度截止日的每年度审计循环的可行性。因为 12 月 31 日并非 GEF 的会计年度截止日，IBRD 审计采取该截止日则需要保证所有的代理机构财务报表报告日在同一天。但是，IBRD 的 GEF 会计核算为其整体系统和程序的一部分，该系统及程序适用的会计年度截止日为 6 月 30 日，为 GEF 采取不同的会计年度截止日会导致大量、复杂并且昂贵的系统及程序调整，因此是不可行的。

5. 因此，无法证实对所有的GEF代理机构采用相同的会计循环具有可行性。相反，GEF的外部审计协定将遵守各代理机构的制度，只有UNDP和UNEP作出了重要改变，它们将每年提供已审计GEF财务报表。此做法与该机构的两年期审计循环不同。受托人相信在这种情况下，尽管会存在不同的报告日期，接受所有GEF活动外部年度审计非统一截止日期的审计循环是一个更为可行且节约成本的方案。受托人也与代理机构达成共识，因为不同的审计规章、规则和程序，以及为了节约成本，针对不同代理机构的GEF活动的审计应该由其自身的外部审计员实施。

6. UNDP和UNEP对每年度分别经审计的GEF活动财务报告的规定将提高两个代理机构与GEF直接相关的需求的成本；因此增加的成本应该由GEF承担。UNDP估计其直接增加管理和审计成本约为$10000至$15000每年，并且可能发生为取得其他机构执行UNDP的GEF项目的满意报告和审计所增加的成本。UNEP估计为提供经审计的年度财务报告所增加的成本近$12000每年。另外，由于管理和协调、监督提供给受托人、IBRD以及秘书处的审计分报告的审计费用，IBRD的成本会有一定的增加；增加的成本估计不会超过$10000每年。

审计和报告约定

7. 每个代理机构都需要分别提交其各自会计年度的经审计财务报表。受托人、IBRD作为执行机构和秘书处将每年提交截至6月30日的报表，UNDP和UNEP将每年提交截至12月31日的报表。由于不同的审计循环以及每个机构采用不同的审计人员，受托人无法提交合并财务决算。但是每两年将提交截至12月31日前的6个月以及截至6月30日的一年的未经审计的财务报表。受托人也将提交截至12月31日前六个月的未经审计财务报表。

8. 受托人财务报表包括承诺权声明、累计抵押、收据、支付（以GEF代理机构的名义）以及基金余额。执行机构和秘书处的声明包括受托人提供基金使用情况说明，现有基金期末余额，其他适用于投资收益的项目，以及认可委任声明。合并财务决算包括所有执行结构、秘书处、受托人的财务信息。

9. 受托人会将财务报告分发给理事会成员，使理事会成员可以将对财务报告的讨论提上理事会议程，受托人会将财务报告分发给理事会成员。理事会希望在财务报告上出现的信息以及受托人希望递交报告的日期如下表：

GEF 财务报表				
财务报表使用者	经审计财务报表		未经审计财务报表	
	会计年度截止日	提交时间	会计期间截止日	提交时间
受托人	6 月 30 日	9 月	截至 12 月 31 日的 6 个月会计期间	2 月
IBRD（IA）	6 月 30 日	9 月		
UNDP	12 月 31 日	6 月/7 月		
UNEP	12 月 31 日	6 月/7 月		
秘书处	6 月 30 日	9 月		
合并			截至 12 月 31 日的 6 个月会计期间 截至 6 月 30 日的会计年度	4 月/5 月/9 月

监管

10. 根据全球环境基金重组后通则附件 B，受托人基于外部审计报告履行其监管职责。

蒙特利尔多边基金

保护臭氧层维也纳公约

（1985 年 3 月 22 日）

前　言

本公约各缔约国，意识到臭氧层的变化对人类健康和环境可能造成有害影响，回顾联合国人类环境会议宣言里的有关规定，特别是第二十一项原则，其中规定“依照联合国宪章和国际法原则，各国具有按照其环境政策开发其资源的主权权利，同时亦负有责任，确保在它管辖或控制范围内的活动，不致对其他国家的环境或其本国管辖范围以外地区的环境引起损害”，考虑到发展中国家的情况和特殊需要，注意到国际组织和国家组织在进行的工作和研究，特别是联合国环境规划署的臭氧层世界行动计划，又注意到国家一级和国际一级上已经采取的保护臭氧层的预防措施，意识到保护臭氧层使不会因人类活动而发生变化的措施需要国际间的合作和行动，并应依据有关的科学和技术考虑，还意识到有需要继续从事研究和有系统的观察，以期进一步发展有关臭氧层及其变化可能引起的不利影响方面的科学知识，决心要保护人类健康和环境使免受臭氧层变化所引起的不利影响，取得协议如下：

第一条　定　义

为本公约的目的：

1. “臭氧层”是指行星边界层以上的大气臭氧层。

2. “不利影响”是指自然环境或生物区系内发生的，对人类健康或自然的和受管理的生态系统的组成、弹性和生产力或对人类有益的物质造成有害影响的变化，包括气候的变化。

3. “备选的技术或设备”是指其使用可能可以减轻或有效消除会或可能会对臭氧层造成不利影响的排放物质的各种技术或设备。

4. “备选物质”是指可以减轻、消除或避免臭氧层所受不利影响的各种物质。

5. “缔约国”是指本公约的缔约国，除非案文中另有所指。

6. “区域经济一体化组织”指由某一区域主权国家组成的组织，它有权处理本公约或其议定书管理的事务，并根据其内部程序充分受权签署、批准、接受、核准或加入有关的文书。

7. “议定书”指本公约议定书。

第二条　一般义务

1. 各缔约国应依照本公约以及它们所加入的并且已经生效的议定书的各项规定采取适当措施，以保护人类健康和环境，使免受足以改变或可能改变臭氧层的人类活动所造成的或可能造成的不利影响。

2. 为此目的，各缔约国应在其能力范围内：

（1）通过系统的观察、研究和资料交换从事合作，以期更好地了解和评价人类活动对臭氧层的影响，以及臭氧层的变化对人类健康和环境的影响；

（2）采取适当的立法和行政措施，从事合作，协调适当的政策，以便在发现其管辖或控制范围内的某些人类活动已经或可能由于改变或可能改变臭氧层而造成不利影响时，对这些活动加以控制、限制、削减或禁止；

（3）从事合作，制定执行本公约的商定措施、程序和标准，以期通过议定书和附件；

（4）同有关的国际组织合作，有效地执行它们加入的本公约和议定书。

3. 本公约的各项规定绝不应影响各缔约国依照国际法采取上面第 1 款和第 2 款内所提措施之外的国内措施的权力，亦不应影响任何缔约国已经采取的其他国内措施，只要这些措施不同它们在本公约之下所承担的义务相抵触。

4. 本条的适用应以有关的科学和技术考虑为依据。

第三条　研究和有系统的观察

1. 各缔约国斟酌情况直接或通过有关国际机构就下列问题发起并与有关国际机构合作进行研究和科学评价：

（1）可能影响臭氧层的物理和化学过程；

（2）臭氧层的变化所造成的对人类健康的影响和其他生物影响，特别是具有生物后果的紫外线太阳辐射的变化所造成的影响；

（3）臭氧层的任何变化所造成的气候影响；

（4）臭氧层的任何变化及其引起的紫外线辐射的变化对于人类有用的自然及合成物质所造成的影响；

（5）可能影响臭氧层的物质、作法、过程和活动，以及其累积影响；

（6）备选物质和技术；

（7）相关的社经因素，以及附件一和附件二里更详细说明的问题。

2. 各缔约国在充分考虑到国家立法和国家一级与国际一级进行中的有关活动的情况下，斟酌情况直接或通过有关国际机构推广或制定联合或补充方案以有系统地观察臭氧层的状况及附件一里详细说明的其他有关的参数。

3. 各缔约国直接或通过有关国际机构从事合作，通过适当的世界数据中心保证定期并及时地收集、验证和散发研究和观察数据。

第四条　法律　科学和技术方面的合作

1. 各缔约国应促进和鼓励附件二里详细说明的、与本公约有关的科学、技术、社经、商业和法律资料的交换。这种资料应提供给各缔约国同意的各组织。任何此种组织收到提供者认为机密的资料时，应保证不发表此种资料，并于提供给所有缔约国之前加以聚集，以保护其机密性。

2. 各缔约国应从事合作，在符合其国家法律、条例和惯例及照顾到发展中国家的需要的情形下，直接或通过有关国际机构促进技术和知识的发展和转让。这种合作应特别通过下列途径进行：

（1）方便其他国家取得备选技术；

（2）提供关于备选技术和设备的资料，并提供特别手册和指南；

（3）提供研究工作和有系统的观察所需的设备和设施；

（4）科学和技术人才的适当训练。

第五条　递交资料

各缔约国应依照有关文书的缔约国开会时所议定的格式和时间，就其执行本公约及其加入的本公约议定书所采取的措施，通过秘书处按照第 6 条规定向缔约国会议递交资料。

第六条　缔约国会议

1. 缔约国会议特此设立。缔约国会议的首届会议应由第 7 条内临时指定的秘书处至迟于本公约生效后 1 年内召开。其后的会议常会应依照首届会议所规定的时间按期举行。

2. 缔约国会议可于其认为必要的其他时间举行非常会议，如经任何缔约国书面请求，由秘书处将事项请求转至各缔约国后 6 个月内至少有 1/3 缔约国表示支持时，亦可举行非常会议。

3. 缔约国会议应以协商一致方式议定和通过其本身的和它可能设立的任何附属机构的议事规则和财务条例，以及适用于秘书处职务的财务规定。

4. 缔约国会议应继续不断地审查本公约的执行情况，同时应：

（1）规定转交依照第五条递交的资料的形式及间隔期限，并审议这些资料以及任何附属机构提出的报告；

（2）审查有关臭氧层、有关其可能发生的变化或任何这种变化可能造成的影响的科学资料；

（3）依照第二条的规定，促进适当政策、战略和措施的协调，以尽量减少可能引起臭氧层变化的物质的排放，并就与本公约有关的其他措施提出建议；

（4）依照第三条和第四条的规定，制订推行研究、有系统的观察、科技合作、资料交换以及技术和知识转让等方案；

（5）依照第九条和第十条的规定，视需要审议和通过对本公约及其附件的修正案；

（6）审议对任何议定书及其附件的修正案，于作出决定后向此种议定书的缔约国建议通过；

（7）依照第十条的规定，视需要审议和通过本公约的增列附件；

（8）依照第八条的规定，视需要审议和通过议定书；

（9）成立执行本公约所需的附属机构；

（10）请求有关的国际机构和科学委员会，特别是世界气象组织、世界卫生组织和臭氧层协调委员会，在科学研究、有系统的观察以及与本公约的目标有关的其他活动方面提供服务，并利用这些组织和委员会所提供的资料；

（11）考虑和采取实现本公约的目标所需的任何其他行动。

5. 联合国及其各专门机构，国际原子能机构，以及非本公约缔约国的任何国家均可以观察员身份出席本公约缔约国会议。任何国家或国际机构，政府或非政府组织，如果在保护臭氧层的任何方面具有资格，并向秘书处声明有意以观察员身份出席缔约国会议，则除非有至少1/3的出席缔约国表示反对，亦可参加会议。观察员的参加会议应受缔约国会议议事规则的约束。

第七条　秘书处

1. 秘书处的任务如下：

（1）依照第六、第八、第九和第十条的规定，为会议进行筹备工作并提供服务；

（2）根据由于第四条和第五条规定而收到的资料，以及第六条规定之下成立的机构举行会议所产生的资料，编写和提交报告；

（3）履行任何议定书委派给秘书处的任务；

（4）就秘书处执行其根据本公约所承担的任务所进行的各项活动编写报告，提交缔约国会议；

（5）保证同其他有关的国际机构进行必要的协调，尤其要作出有效执行其任务所需的行政和合约安排；

（6）履行缔约国会议可能指定的其他任务。

2. 在依照第六条的规定举行的缔约国会议首届会议结束以前，由联合国环境规划署临时执行秘书处的任务。缔约国会议首届会议应指定已表示愿意的现有合格国际组织中的秘书处执行本公约之下的秘书处任务。

第八条　议定书的通过

1. 缔约国会议可依照第二条的规定，于一次会议上通过议定书。

2. 任何议定书的草案案文应由秘书处至少在举行上述会议以前 6 个月呈交各缔约国。

第九条　公约或议定书的修正

1. 任何缔约国可对本公约或任何议定书提出修正案。这种修正案除其他外，还应充分顾及有关的科学和技术考虑。

2. 修正案应由缔约国会议在一次会议上通过。对任何议定书的修正案应在有关议定书缔约国的会议上通过。对本公约或任何议定书提出的修正案，除非该议定书另有决定，应由秘书处至少在举行提议通过该议定书的会议以前 6 个月呈交给各缔约国。秘书处也应将提议的修正案呈交给本公约各签署国作为资料。

3. 各缔约国应尽量以协商一致方式对就本公约提出的任何修正案达成协议。如果尽了一切努力仍无法以协商一致方式达成协议，则应以出席并参加表决的公约缔约国 3/4 多数票通过修正案。并应由保存者呈交给所有缔约国批准、核可或接受。

4. 对任何议定书的修正，亦应适用上述第 3 款提到的程序，不过只需要出席并参加表决的该议定书缔约国 2/3 的多数票就可通过。

5. 对修正案的批准、核可或接受，应以书面通知保存者。依照上述第 3 或第 4 款规定通过的修正案，应于保存者接得至少 3/4 公约缔约国或至少 2/3 的有关议定书缔约国的批准、核可或接受通知书后的第 90 天在接受修正案的各缔约国之间生效。其后任何其他缔约国存放批准、核可或接受文书 90 天之后，修正案对它生效。

6. 为本条之目的，“出席并参加表决的缔约国”是指参加会议并投赞成票或反对票的缔约国。

第十条　附件的通过和修正

1. 本公约的附件或其任何议定书的附件，应成为本公约或有关议定书的一个构成部分，因此，除非另有规定，凡提及本公约或其议定书时，亦包括本公约或其议定书的附件在内。这种附件应以科学、技术和行政事项为限。

2. 除非在任何议定书里对其附件另有规定，本公约或议定书所增列附件的提出、通过和生效，应适用下列程序：

（1）本公约的附件应依照第九条第 2 和第 3 款规定的程序通过，而任何议定书的附件应依照第九条第 2 和第 4 款规定的程序提出和通过。

（2）任何缔约国如果不核可本公约的增列附件或它所加入的任何议定书的附件，应于保存者发出通知后 6 个月内以书面向保存者发出反对声明。保存者应于接得此种声明后立即通知所有缔约国。任何缔约国可于任何时间取消以前发出的反对声明而接受增列附件，有关附件即对它生效。

（3）在保存者发出通知 6 个月之后，增列附件应对未曾依照上文（2）项发出声明的本公约或任何有关议定书的所有缔约国生效。

3. 本公约附件或任何议定书附件的修正案的提出通过和生效，应适用本公约附件或议定书附件的通过和生效所适用的同一程序。附件及其修正案应特别考虑到有关的科学和技术方面。

4. 如果一个增列附件或对任何附件的修正，涉及对公约或议定书的修正，则增列附件或修正后的附件，应于对公约或其有关议定书的修正案生效以后才能生效。

第十一条　争端的解决

1. 万一缔约国之间在本公约的解释或适用方面发生争端时，有关的缔约国应以谈判方式谋求解决。

2. 如果有关的缔约国无法以谈判方式达成协议，它们可以联合寻求第三方进行斡旋或邀请第三方出面调停。

3. 在批准、接受、核可或加入本公约或其后任何时候，缔约国或区域经济一体化组织可书面向保存国声明，就未根据上述第 1 或第 2 款解决的争端来说，它接受下列一种或两种争端解决办法为强制性办法：

（1）根据缔约国会议首届会议通过的程序进行仲裁；

（2）将争端提交国际法院。

4. 如果缔约国还没有按照上文第 3 款的规定接受相同或任何程序，则应根据下文第 5 款的规定提交调解，除非缔约国另有协议。

5. 若争端一方提出要求，则应设立一个调解委员会。调解委员会应由有关各方所指派的数目相同的成员组成，而主席则应由各方指派的成员共同选出。委员会将作出最后的建议性裁决，各方应诚恳地考虑这一裁决。

6. 本条规定应适用于任何议定书，除非有关议定书另有规定。

第十二条　签　署

本公约应按下述时间和地点开放供各国和各区域经济一体化组织签署：从 1985 年 3 月 22 日起至 1985 年 9 月 21 日在维也纳奥地利共和国外交部；从 1985 年 9 月 22 日起至 1986 年 3 月 21 日在纽约联合国总部。

第十三条　批准　接受或核可

1. 本公约和任何议定书须由任何国家和区域经济一体化组织批准、接受或核可。批准、接受或核可文书应交给保存者。

2. 以上第 1 款所指的任何组织如成为本公约或任何议定书的缔约组织而该组织没有任何一个成员国是缔约国，则该缔约组织应受按公约或议定书规定的一切义务的约束。如有这种组织，即在该组织的一个或更多个成员国是本公约或有关议定书的缔约国的情况下，该组织及其成员国应就执行其按照公约或议定书规定的义务的责任各自作出决定。在这种情况下，该组织和成员国不应同时享有行使按照公约或有关议定书规定的权利。

3. 第 1 款所指的这些组织应在其批准、接受或核准文书中声明其在本公约或有关议定书所涉事项的职权范围。这些组织也应在其职权范围发生重大变化时通知保存者。

第十四条　加　入

1. 本公约及任何议定书应开放供加入，任何国家和区域经济一体化组织自公约或有关议定书签署截止日期起均可加入。加入文书应交给保存者。

2. 上文第 1 款中所指的组织，应于其加入文书里应声明它们在本公约或有关议定书所涉事项中的职权范围。这些组织也应在其职权范围内发生重要变化时通知保存者。

3. 第十三条第2款的规定应适用于加入本公约或任何议定书的区域经济一体化组织。

第十五条 表决权

1. 本公约或其任何议定书的每一缔约国应有表决权利。

2. 除上文第1款另有规定外，各区域经济一体化组织在属于其职权范围的事项中行使表决权时，其票数相当于加入本公约或有关议定书的它们的成员国的数目。这样的组织不应行使其表决权，如果它们的成员国已行使自己的表决权，反之亦然。

第十六条 公约及其议定书之间的关系

1. 除非某一国家或区域经济一体化组织已经是，或在同一个时间成为本公约的缔约国，否则不能成为议定书的缔约国。

2. 关于任何议定书的决定，只应由它的缔约国作出。

第十七条 生 效

1. 本公约应于第20份批准、接受、核可或加入文书交存之日以后第90天生效。

2. 任何议定书，除非其中另有规定，应于第11份批准、接受或核可这一议定书的文书交存之日或加入之日以后第90天生效。

3. 对于在交存第20份批准、接受、核可或加入文书后批准、接受、核可本公约或加入本公约的每一缔约国，本公约应于这些缔约国的批准、接受、核可或加入文书交存之日以后第90天生效。

4. 任何议定书，除非其中另有规定，应在其按上述第2款规定生效后，对在交存其批准、接受、核可或加入文书后批准、接受、核可本议定书或加入本议定书的缔约国，本议定书应于这一缔约国的批准、接受、核可或加入文书交存之日或本公约在该缔约国生效之日 —— 以较后者为准 —— 以后第90天生效。

5. 为第1款和第2款的目的，一个区域经济一体化组织交存的任何文书，不应被视为这些组织的成员国交存的文书以外的额外文书。

第十八条 保 留

本公约不容许任何保留条款。

第十九条 退 出

1. 本公约对某一缔约国生效4年之后，该缔约国可于任何时间以书面通知保存者退出公约。

2. 任何议定书对某一缔约国生效4年之后，除非该议定书内另有规定，该缔约国可于任何时间以书面通知保存者退出该议定书。

3. 这种退出应于保存者接得通知之日以后1年终了时或退出通知内说明的更晚时间生效。

4. 任何缔约国一旦退出公约，应即被视为亦已退出它加入的任何议定书。

第二十条 保存者

1. 联合国秘书长应负起本公约及其议定书的保存者的职责。

2. 保存者应特别就下列事项通知各缔约国：

（1）本公约及任何议定书的签署，以及依照第十三条和第十四条规定交存的批准、接受、核可或加入文书；

（2）本公约及任何议定书依照第十七条规定生效的日期；

（3）依照第十八条规定提出的退出通知；

（4）依照第九条规定通过的公约修正案及任何议定书的修正案，各缔约国对修正案的接受情况，以及其生效日期；

（5）有关依照第十条规定的附件及任何附件修正案的通过的所有通知；

（6）区域经济一体化组织交存的关于它们在本公约及任何议定书所涉及各方面的职权范围的通知，及职权范围发生任何变化的通知；

（7）根据第十一条第3款发表的宣言。

第二十一条 有效文本

本公约的正本以阿拉伯文、中文、英文、法文、俄文和西班牙文书写，6种文本同样有效，公约正本应由联合国秘书长保存。

下面签名的全权代表谨签署本公约，以昭信守。

1958 年 3 月 22 日签订于维也纳

附　件

附件一　研究和有系统的观察

1. 本公约各缔约国同意主要的科学问题如下：

（1）臭氧层的变化，可使达到地面的具有生物学作用的太阳紫外线辐射量发生变化，并可能影响人类健康、生物和生态系统以及对人类有用的物质；

（2）臭氧垂直分布的变化，可使大气层的气温结构发生变化，并可能影响天气和气候。

2. 本公约各缔约国应依照第 3 条的规定从事合作，进行研究和有系统的观察，并就下列各方面的未来研究和观察活动作出建议：

（1）关于大气物理和化学的研究

①全面的理论模型：进一步发展考虑放射、动力和化学过程之间相互作用的模型；关于各种人造的和自然的物种对大气臭氧的影响研究；卫星和非卫星的衡量数据集的解释；大气和地球物理参数趋向的评价；就此种参数的变化鉴定其具体成因的方法研究。

②实验室研究：对流层和平流层化学和光化过程的率度系数、吸收横断面和机制；支持所有的有关光谱区实地衡量的分光仪数据。

③实地衡量；自然和人类起源的关键来源气体的含量和流量；大气动力研究；直至行星边界层的光化有关物种的同步衡量，应用实地衡量和遥感衡量技术；各种传感器的相互比较，包括协调的卫星仪器使用的相互衡量；关键大气痕量要素太阳光谱流量和气象参数的立体场。

④仪器的发展，包括大气痕量要素、太阳流量及气象参数的卫星和非卫星探测器。

（2）健康、生物和光致降解影响

①人类暴露于可见和紫外线太阳辐射及黑瘤和非黑瘤皮肤癌之间的关系以及对免疫系统的影响；

②紫外线辐射的影响，包括对农作物、森林和陆地生态系统以及水生食物链和水产的波长依存，以及浮游植物的可能抑制氧气生产；

③紫外线辐射对生物物质、物种和生态系统发生作用的机理，包括：剂量、剂量率及反应之间的关系；光修理、适应和保护；

④生物作用光谱和光谱反应研究，应用多色辐射，以便包括各种波长区之间可

能的相互作用；

⑤紫外线辐射在下列各方面的影响，对生物圈的平衡具有重要性的生物物种的敏感和活动；例如光合和生物合成等的基本作用；

⑥紫外线辐射对污染物、农用化学品和其他物质的光致降解的影响。

（3）对气候的影响研究

①关于臭氧和其他痕量物种的辐射效应及对气候参数的影响的理论和观察研究。例如，土地和海洋表面的温度、降水模式以及对流层和平流层之间的交流；

②关于这类气候变化对人类活动各方面的影响的调查。

（4）有系统的观察

①臭氧层状况（即柱容量和重直分布的空间和时间变异）。利用卫星和地面系统相结合的办法使全球臭氧观察系统充分发挥作用；

②对流层和平流层的 HOx、NOx、C10x 和碳属源气体浓度；

③从地面到中间层的气温，利用地面和卫星系统；

④达到地球大气层的波长分辨太阳通量和离开地球大气层的热辐射利用卫星衡量；

⑤在紫外线范围内达到地面的具有生物影响的波长分辨太阳通量；

⑥从地面到中间层的烟雾体特性和分布，利用地面、空中和卫星系统；

⑦气候重要变数，方法是维持高质量气象表面衡量的方案；

⑧痕量物种、气温、太阳通量和烟雾体，利用分析全球数据的经过改善的方法。

3. 公约各缔约国应在顾及发展中国家的特别需要的情况下合作，促进参加本附件所列各种研究和有系统观察所需的适当科学和技术训练。应特别注意观察仪器和观察方法的相互校正，以产生可比较的或标准化的科学数据集。

4. 下面以不按优先顺序排列出的各种自然和人类来源的化学物质，被认为可能改变臭氧层的化学和物理特性。

（1）碳物质

①一氧化碳（CO）

一氧化碳的重要来源是自然界和人类，据认为对对流层的光化过程有重要的直接作用，对平流层的光化过程则有间接作用。

②二氧化碳（CO_2）

二氧化碳的重要来源是自然界和人类，通过影响大气的热构造而影响到平流层的臭氧。

③甲烷（CH_4）

甲烷来自自然界和人类，对平流层和对流层的臭氧都有影响。

④非甲烷烃类物种

非甲烷烃类物种含有许多化学物质，来自自然界和人类，对对流层的光化过程有直接作用，对平流层光化过程则有间接作用。

（2）氮物质

①氧化亚氮（N_2O）

氧化亚氮主要来自自然界，不过人类来源也变得越来越重要。氧化亚氮是平流层 NO*x* 的主要来源，NO*x* 对于平流层臭氧充裕的控制有重要作用。

②氮氧化物（NO*x*）

NO*x* 的地平面来源，只对对流层的光化过程有直接的重要作用，对平流层的光化过程则有间接作用，而接近对流层顶的 NO*x* 注射可能对上对流层和平流层的臭氧直接引起变化。

（3）氯物质

①完全卤化链烷，例如 CCl_4，CFCl，（CFC－11），CF_2 Cl_2（CFC－12），C_2 F_3，Cl_3，（CFC－113），C_2 F_4Cl_2（CFC－114）。

完全卤化链烷来自人类，是 ClO*x* 的一个来源，对臭氧的光化过程有重要作用，尤其是在海拔 30～50 公里区域。

②部分卤化链烷，例如 CH，Cl，CHF_2 Cl（CFC－22），CH，CCl_3，$CHFCl_2$（CFC－21）。

CH，Cl 来自自然界，而上列其他部分卤化链烷则来自人类。这些气体也是平流层 ClO*x* 的来源。

（4）溴物质

全部卤化链烷，例如 CF，Br。

这些气体来自人类，是 BrO*x* 的来源，其作用类似 CLO*x*。

（5）氢物质

①氢（H_2）

氢是来自自然界和人类，对平流层的光化过程的作用不大。

②水（H_2O）

水来自自然界，对平流层和对流层的光化过程都有重要作用。平流层水蒸气的本地来源包括甲烷的氧化以及较小程度上氢的氧化。

附件二　资料交换

1. 本公约各缔约国认识到收集和共同利用资料是实现本公约各项目标及保证所采取的一切行动确属适当和公允的一个重要途径。因此，各缔约国应致力于科学、技术、社经、商业和法律资料的交换。

2. 本公约各缔约国于决定收集和交换何种资料时，应考虑资料效用及收集时所需的费用。各缔约国还认识到依照本附件进行的合作应符合关于专利权、贸易机密、保护机密资料和所有权资料的国家法律、条例和惯例。

3. 科学资料

包括下列资料：

（1）政府方面和私人方面已规划好的和进行中的研究工作，以促进研究方案的协调，使国家和国际间的可用资源获得最有效的利用；

（2）研究工作所需的原始资料；

（3）刊载于经仔细审阅的文献内的关于了解地球大气物理和化学及其易变性的科学研究结果，特别是关于臭氧层状况及臭氧层柱容量或垂直分布分时标变化对于人类健康、环境和气候的影响的科学研究结果；

（4）研究结果的评价及关于未来研究工作的建议。

4. 技术资料

包括下列资料：

（1）利用备选化学物质或备选技术来减少可以引起臭氧变化的物质排放以及有关已计划和进行中的研究工作的可行性和费用；

（2）应用化学或其他备选物质和备选技术的局限性和危险性。

5. 关于附件一内所提各种物质的社经和商业资料

包括下列资料：

（1）生产和生产能力；

（2）使用和使用方式；

（3）输入/输出；

（4）可能间接改变臭氧层的人类活动以及控制此种活动的管理行动的代价、危险和利益。

6. 法律资料

包括下列资料：

（1）与保护臭氧层有关的国家法律、行政措施和法律研究；

（2）与保护臭氧层有关的国际协定，包括双边协定；

（3）与保护臭氧层有关的执照签发办法和条件以及有无专利。

关于消耗臭氧层物质的蒙特利尔议定书

经缔约方第二次会议（1990 年 6 月 27 日至 29 日，伦敦）和缔约方第四次会议（1992 年 11 月 23 日至 25 日，哥本哈根）调整和修正，并经缔约方第七次会议（1995 年 12 月 5 日至 7 日，维也纳）进一步调整，又经缔约方第九次会议（1997 年 9 月 15 日至 17 日，蒙特利尔）和缔约方第十一次会议（1999 年 11 月 29 日至 12 月 3 日，北京）进一步调整和修正

［请注意《蒙特利尔议定书》的这个版本载由缔约方在缔约方第十一次会议通过的《调整》。《调整》于 2000 年 7 月 28 日生效］

《蒙 特利尔议定书》的这个版本还载有缔约方在缔约方第十一次会议上通过的《修正》（“北京修正”）。

在付印之日该《修正》还未生效。它将于 2001 年 1 月 1 日只对那些批准了该《修正》的缔约方生效，条件是，属于《蒙特利尔议定书》缔约方的国家或区域经济一体化组织至少交存二十份批准、接受或核可该《修正》的证书。（任何国家或区域经济一体化组织如果没有已经或同时交存对《蒙特利尔修正》的此种证书则不得交存这样的证书。）

前　言

本议定书各缔约方，作为《保护臭氧层维也纳公约》的缔约方，铭记着它们根据该公约有义务采取适当措施保护人类健康和环境，使其免受足以改变或可能改变臭氧层的人类活动所造成的或可能造成的不利影响，认识到全世界某些物质的排放会大大消耗和以其他方式改变臭氧层，对人类健康和环境可能带来不利影响，念及这些物质的排放对气候的可能影响，意识到为保护臭氧层不致耗损所采取的措施应依据有关的科学知识，并顾及技术和经济考虑，决心采取公平地控制消耗臭氧层物质全球排放总量的预防措施，以保护臭氧层，而最终目的则是根据科学知识的发展，考虑到技术和经济方面，并铭记发展中国家的发展需要，彻底消除此种排放，认识到必须作出特别安排，满足发展中国家的需要，包括提供额外的资金和取得有关技术，同时所需资金款额可以预估，且此项资金将大大提高全世界处理科学上断定的臭氧消耗及其有害影响问题的能力，注意到国家和区域两级上已经采取的控制某些

氟氯化碳排放的预防措施，考虑到必须在控制和削减消耗臭氧层的物质排放的替代技术的研究、开发和转让方面促进国际合作，特别要铭记发展中国家的需要，兹议定条款如下：

第1条　定　义

为本议定书的目的：

1. “公约”是指1985年3月22日通过的保护臭氧层维也纳公约。

2. “缔约方”，除非案文中另有说明，是指本议定书的缔约方。

3. “秘书处”是指公约秘书处。

4. “控制物质”是指本议定书附件A或附件B、附件C或附件E所载单独存在的或存在于混合物之内的物质；除非特别在有关附件中指明，它应包括任何这类物质的异构体，但不包括制成品内所含任何此种控制物质或混合物，而包括运输或者储存该物质的容器中的此种物质或混合物。

5. “生产量”是指控制物质的生产量减去待由各缔约方核准的技术所销毁的数量之后再减去完生用作其他化学品制造原料的数量后所得的数量。再循环和再使用的数量不算作“生产量”。

6. “消费量”是指控制物质的生产量加上进口量减去出口量之后所得的数量。

7. 生产、进口、出口及消费的“计算数量”是指依照第3条确定的数量。

8. “工业合理化”是指为了达成经济效益或应付由于工厂关闭预期出现的供应短缺而由一个缔约方将其生产的计算数量的全部或部分转移给另一缔约方。

第2条　控制措施

1. 已订入第2A条中。

2. 由第2B条取代。

3. 由第2A条取代。

4. 由第2A条取代。

5.1　任何缔约方，倘其附件A第一类控制物质1986年生产的计算数量低于25千吨，为了工业合理化的目的，得将其生产中超过第1、3和4款规定限额的部分转移给任一缔约方，或从任一缔约方接收此种生产，但这些缔约方生产总共的计算数量不得超过按照本条规定的生产限额。此种生产的任何转移应通知秘书处，通知时间不得迟于转移的日期。

5.2　非按第5条第1款行事的任何缔约方，可在任何一个或多个控制期间转移给另一缔约方第2F条所规定的消费计算数量的任何部分，只要转移其消费计算数量中一部分的缔约方的附件A第一类控制物质的消费计算数量在1989年没有超过人均0.25公斤，且有关缔约方的合计消费计算数量不超过第2F条规定的消费限额。此种消费的转移应由每一个有关缔约方通知秘书处，说明转移的条件及其适用的期间。

6. 非按第5条行事的任何缔约方，如果拥有在1987年9月16日以前已在建筑或已订约建筑的、亦是国家立法于1987年1月1日以前规定的、生产附件A或附件B所列控制物质的设施，可将此种设施的生产量加于其1986年此种物质的数量，以便决定其1986年生产的计算数量，条件是此种设施必须于1990年12月31日以前建筑完成，其生产量亦不使该缔约方控制物质的年人均消费量超过0.5公斤。

7. 根据第5款的任何生产转移或根据第6款的任何生产增加均应通知秘书处，通知时间不得迟于转移或增产日期。

8. （1）作为公约第1（6）条内规定的一个区域经济一体化组织成员国的任何缔约方，可以协调联合履行本条及第2A至2H条内规定的关于消费的义务，但其总共消费的计算数量之和不得超过本条及第2A至2H条规定的数量。

（2）参与任何此种协议的缔约方应于协议内规定的减少消费量日期以前向秘书处报告协议内容。

（3）此种协议必须在该区域经济一体化组织及该组织的所有成员国都是本议定书的缔约方且已将其执行办法通知秘书处的情况下方能生效。

9. （1）根据依照第6条作出的评估，缔约方可以决定是否：

①附件A、附件B、附件C和/或附件E所载的消耗臭氧潜能值应予调整，如果是的话，此种调整的范围、数量及时间应为何；

②控制物质的生产量和消费量应做进一步的调整和减少，如果是的话，此种调整的范围、数量及时间应为何。

（2）关于此种调整的提议应由秘书处于拟议通过该提议的缔约方会议至少6个月之前通知各缔约方。

（3）在采取此种决定时，各缔约方应尽可能以协商一致方式达成协议。如果为谋求协商一致尽了一切努力而仍未达成协议，则最后应由占出席并参加表决的按第5条1款行事的缔约方多数票以及出席并参加表决的非按该条款行事的缔约方多数的出席并参加表决的缔约方以三分之二多数票通过此种决定。

（4）此种决定应对所有缔约方具有拘束力，并应立即由存放机构通知各缔约方。除非决定中另有规定，此种决定应于存放机构发出通知之日起六个月后生效。

10. 根据依照本议定书第6条作出的评估，并依照公约第9条规定的程序，各缔约方可以规定：

（1）是否有任何物质，如果有的话，哪些应增入本议定书任何附件，哪些应予删去。

（2）应适用于此种物质的控制措施的体制、范围及时间。

11. 虽有本条及第2A至2H的各项规定，各缔约方可以采取比本条及第2A至2H条所规定的更为严厉的措施。

各项调整的介绍：

《关于消耗臭氧层物质的蒙特利尔议定书》缔约方第二、四、七、九和第十一次会议根据依照《议定书》第6条所作的评估，决定通过以下所列对附件A、B、C和E中控制物质的产量和消费量的调整和削减（此处案文列出了所有各次调整的累计结果）。

第2A条　氟氯化碳（全氯氟烃）

1. 每一缔约方应确保，在本议定书生效后第7个月第一天起的12个月期间，及其后每12个月期间，其附件A第一类控制物质的消费的计算数量不超过1986年消费的计算数量。在此期间结束时，生产一种或数种第一类控制物质的每一缔约方应确保其这些物质生产的计算数量不超过其1986年生产的计算数量，不过这种数量可容许超过1986年数量至多10%。容许此种增加，只是为了满足按照第5条行事的缔约方的国内基本需要，及为了缔约方之间工业合理化的目的。

2. 每一缔约方应确保，在1991年7月1日至1992年12月31日期间，其附件A第一类控制物质的生产和消费的计算数量不超过其1986年这些物质生产和消费的计算数量的150%；自1993年1月1日起，这些控制物质的12个月控制期间应为每年1月1日至12月31日。

3. 每一缔约方应确保，在1994年1月1日起的12个月期间，及其后每12个月期间，其附件A第一类控制物质的消费的计算数量每年不超过其1986年消费的计算数量的25%。生产一种或数种这些物质的每一缔约方，应确保在同一期间内这些物质的生产的计算数量每年不超过其1986年生产的计算数量的25%。但为满足按照第5条第1款行事的缔约方的国内基本需要，其生产的计算数量可超过这个限额，超出部分至多为其1986年生产的计算数量的10%。

4. 每一缔约方应确保，在1996年1月1日起的12个月期间，及其后每12个月期间，其附件A第一类控制物质的消费的计算数量不超过零。生产一种或数种这些物质的每一缔约方，应确保同一期间内这些物质的生产的计算数量不超过零。但为满足按照第5条第1款行事的缔约方的国内基本需要，其生产的计算数量可超过这个限额，超出部分至多为其1986年生产的计算数量的15%。本款应予实施，但缔约方决定为满足它们议定认为是必要的用途而允许的生产量或消费量除外。

5. 每一缔约方应确定，在2003年1月1日起的12个月期间，及其后每12个月期间，用于满足按照每5条第1款行事的缔约方国内基本需要的附件A第一类控制物质的生产计算数量不超过1995年至1997年三年期间用于满足国内基本需要的此类物质的年度平均生产量的80%。

6. 每一缔约方应确保，在2005年1月1日起的12个月期间，及其后每12个月期间，用于满足按照第5条第1款行事的缔约方国内基本需要的附件A类第一类控制物质的生产的计算数量不超过1995至1997三年期间用于满足国内基本需要的此类物质的年度平均生产量的50%。

7. 每一缔约方应确保，在2007年1月1日起的12个月期间，及其后每12个期间，用于满足按照第5条第1款行事的缔约方国内基本的附件A第一类控制物质的生产的计算数量不超过1995至1997三年期间用于满足国内基本需要的此类物质的年度平均生产量的15%。

8. 每一缔约方应确保，在2010年1月1日起的12个月期间，及其后每12个月期间，用于满足按照第5条第1款行事的缔约方国内基本需要的附件A类第一类控制物质的生产的计算数量不超过零。

9. 就计算本条第4至8款所述的国内基本需要而言，缔约方年度平均生产量的计算包括它根据2条第5款转让的任何生产配额，而不包括它根据第2条第5款获得的任何生产配额。

第2B条　哈龙

1. 每一缔约方应确保，在1992年1月1日起的12个月期间，及其后每12个月期间，其附件A第二类控制物质的消费的计算数量每年不超过其1986年消费的计算数量。生产一种或数种这些物质的每一缔约方，应确保其在同一期间内这些物质的生产的计算数量每年不超过其1986年生产的计算数量。但为满足按照第5条第1款和行事的缔约方的国内基本需要，其生产的计算数量可超过这个限额，超出部分至多为其1986年生产的计算数量的10%。

2. 每一缔约方应确保，在1994年1月1日起的12个月期间，及其后每12个月期间，其附件A第二类控制物质的消费的计算数量不超过零。生产一种或数种这些物质的每一缔约方，应确保在同一期间内其这些物质的生产的计算数量不超过零。但为满足按照第5条第1款行事的缔约方的国内基本需要，其生产的计算数量可超过这个限额，在2002年1月1日前超出部分至多为其1986年生产的计算数量的15%。此后超出限额部分可等于其1998年至2000三年期间用于满足国内基本需要的附件A第二类控制物质的年度平均生产量。本款应予实施，但缔约方决定为满足它们议定认为是必要的用途而允许的生产量或消费量除外。

3. 每一缔约方应确保，在2005年1月1日起的12个月期间，及其后每12个月期间，用于满足按照第5条第1款行事的缔约方国内基本需要的附件A第二类控制物质的生产的计算数量不超过1995年至1997年三年期间用于满足国内基本需要的此类物质的年度平均生产量的50%。

4. 每一缔约方应确保，在2010年1月1日起的12个月期间，及其后每12个月期间，用于满足按照第5条第1款行事的缔约方内基本需要的附件A第二类控制物质的生产的计算数量不超过零。

第2C条　其他全卤化氟氯化碳（其他全氯氟烃）

1. 每一缔约方应确保，在1993年1月1日起的12个月期间，其附件B第一类控制物质的消费的计算数量每年不超过其1989年消费的计算数量的80%。生产一种或数种这些物质的每一缔约方，应确保其在同一期内这些物质的生产的计算数量每年不超过其1989年消费的计算数量的80%。但为满足按照第5条第1款行事的缔约方的国内基本需要，其生产的计算数量可超过这个限额，超出部分至多为其1989年生产的计算数量的10%。

2. 每一缔约方应确保，在1994年1月1日起的12个月期间，及其后每12个月期间，其附件B第一类控制物质的消费的计算数量每年不超过1989年消费的计算数量的25%。生产一种或数种这些物质的每一缔约方，应确保其在同一期间内这些物质的生产的计算数量每年不超过其1989年生产的计算数量的25%。但为满足按照第5条第1款行事的缔约方的国内基本需要，其生产的计算数量可超过这个限额，超出部分至多为其1989年生产的计算数量的10%。

3. 每一缔约方应确保，在1996年1月1日起的12个月期间，及其后每12个月期间，其附件B第一类控制物质的消费的计算数量不超过零。生产一种或数种这些物质的第一缔约方，应确保其在同一期间内这些物质的生产的计算数量不超过零。但为满足按照第5条第1款行事的缔约方的国内基本需要，其生产的计算数量可超过这个限额，超出部分在2003年1月1日前至多为其1989年生产的计算数量的15%。此后超出限额部分可等于其1998年至2000三年期间用于满足国内基本需要的附件B第一类控制物质的年度平均生产量的80%。本款应予实施，但缔约方法决定为满足它们议定认为是必要的用途而允许的生产量或消费量除外。

4. 每一缔约方应确保，在2007年1月1日起的12个月期间，及其后每12个月期间，其用于满足国内基本需要的附件B第一类控制物质的生产的计算数量每年不超过1998年至2000三年期间用于满足国内基本需要的此类物质的年度平均生产量的15%。

5. 每一缔约方应确保，在2010年1月1日起的12个月期间及其后每12个月期间，其用于满足国内基本需要的附件B第一批控制物质的生产的计算数量不超过零。

第2D条　四氯化碳

1. 每一缔约方应确保，在1995年1月1日起的12个月期间，其附件B第二类控制物质的消费的计算数量每年不超过其1989年消费的计算数量的15%。生产该物质的每一缔约方，应确保其在同一期间内该物质的生产的计算数量每年不超过其1989年生产的计算数量的15%。但为满足按照第5条第1款行事的缔约方的国内基本需要，其生产的计算数量可超过这个限额，超出部分至多为其1989年生产的计算数量的10%。

2. 每一缔约方应确保，1996年1月1日起的12个月期间，及其后每12个月期间，其附件B第二类控制物质的消费的计算数量不超过零。生产该物质的每一缔约方，应确保其在同一期间内该物质的生产的计算数量不超过零。但为满足按照第5条第1款行事的缔约方的国内基本需要，其生产的计算数量可超过这个限额，超出部分至多为其1989年生产的计算数量的15%，本款应予实施，但缔约方决定为满足它们议定认为是必要的用途而允许的生产量或消费量除外。

第2E条　1.1.1－三氯乙烷（甲基氯仿）

1. 每一缔约方应确保，在1993年1月1日起的12个月期间，其附件B第三类控制物质的消费的计算数量每年不超过其1989年消费的计算数量。生产该物质的每一缔约方，应确保其在同一期间内该物质的生产的计算数量每年不超过1989年的生产的计算数量。但为满足按照第5条第1款行事的缔约方的国内基本需要，其生产的计算数量可超过这个限额，超出部分至多为其1989年生产的计算数量的10%。

2. 每一缔约方应确保，在1994年1月1日起的12个月期间，及其后每12个月期间，其附件B第三类控制物质的消费的计算数量每年不超过其1989年消费的计算数量的50%。生产该物质的每一缔约方，应确保其在同一期间内该物质的生产的计算数量每年不超过其1989年生产的计算数量的50%。但为满足按照第5条第1款行事的缔约方的国内基本需要，其生产的计算数量可超过这个限额，超出部分至多为其1989年生产的计算数量的10%。

3. 每一缔约方应确保，在1996年1月1日起的12个月期间，及其后每12个月期间，其附件B第三类控制物质的消费的计算数量不超过零。生产该物质的每一缔约方，应确保其在同一期内该物质的生产的计算数量不超过零。但为满足按照第5条第1款行事的缔约方的国内基本需要，其生产的计算数量可超过这个限额，超出部分至多为其1989年生产的计算数量的15%。本款应予实施，但缔约方决定为满足它们议定认为是必要的用途而允许的生产量或消费除外。

第2F条　氟氯烃（部分卤代氯氟烃或含氢氯氟烃）

1. 每一缔约方应确保，在1996年1月1日起的12个月期间，及其后每12个月期间，其附件C第一类控制物质消费的计算数量每年不超过下列数量之和：

（1）其附件A第一类控制物质1989年消费的计算数量的2．8%；

（2）其附件C第一类控制物质1989年消费的计算数量。

2. 每一缔约方应确保，在2004年1月1日起的12个月期间，及其后每12个月期间，其附件C第一类控制物质消费的计算数量每年不超过本条第1款所述总和的65%。

3. 每一缔约方应确保，在2010年1月1日起的12个月期间，及其后每12个月期间，其附件C第一类控制物质消费的计算数量每年不超过本条第1款所述总和的35%。

4. 每一缔约方应确保，在2010年1月1日起的12个月期间，及其后每12个月期间，其附件C第一类控制物质消费的计算数量每年不超过本条第1款所述总和的10%。

5. 每一缔约方应确保，在2010年1月1日起的12个月期间，及其后每12个月期间，其附件C第一类控制物质消费的计算数量每年不超过本条第1款所述总和的0．5%。但这类消费应限于维修在该日已经有的冷冻和空调设备。

6. 每一缔约方应确保，在2010年1月1日起的12个月期间，及其后每12个月期间，其附件C第一类控制物质消费的计算数量不超过零。

7. 自1996年1月1日起，每一缔约方应尽力确保：

（1）附件C第一类控制物质的使用应限于尚无其他环境上更适宜的替代物质或技术可供采用的情况；

（2）除为了保护人类生命或人类健康的罕见情况外，使用附件C第一类控制物质不应用超出附件A、B和C所列控制物质目前的使用范围；

（3）除为了满足其他环境、安全及经济上的考虑外，附件C第一类控制物质的选用应是为了使臭氧的消耗减至最低限度。

8. 生产一种或一种以上此类物质的每一缔约方应确保，在2004年1月1日起的12个月期间，及其后每12个月期间，其附件C第一类控制物质生产的计算数量每年不超过以下两个数字的平均数；

（1）其1989年附件C第一类控制物质消费的计算数量与1989年附件A第一类控制物质消费的计算数量的2．8%的总和；

（2）其1989年附件C第一类控制物质生产的计算数量与1989年附件A第一类控制物质生产的计算数量的2．8%的总和。

但为满足按照第5条第1款行事的缔约方的国内基本需要，其生产的计算数量可超过这个限额，超出部分至多为以上界定的附件C第一类控制物质生产的计算数量的15%。

第2G条　氟溴烃（部分卤代溴氟烃或含氢溴氟烃）

每一缔约方应确保，在1996年1月1日起的12个月期间，及其后第12个月期间，其附件C第二类控制物质的消费的计算数量不超过零。生产该物质的每一缔约方，应确保其在同一期间内该物质的生产的计算数量不超过零。本款应予实施，但缔约方决定为满足它们议定认为是必要的用途而允许的生产量或消费量除外。

第2H条　甲基溴

1. 每一缔约方应确保，在1995年1月1日起的12个月期间，及其后每12个月期间，其附件E控制物质的消费计算数量每年不超过其1991年消费计算数量。生产该物质的每一缔约方应确保其在这些时期内该物质的生产计算数量每年不超过1991年生产计算数量。但为满足按照第5条第1款行事的缔约方的国内基本需要，其生产计算数量可超过这个限额，超出部分至多为其1991年生产计算数量的10%。

2. 每一缔约方应确保，在1999年1月1日起的12个月期间，及其后每12个月期间，其附件E控制物质的消费计算数量每年不超过其1991年消费计算数量的75%。生产该物质的每一缔约方应确保其在这些时期内该物质的生产计算数量每年不超过1991年生产计算数量的50%。但为满足按照第5条第1款行事的缔约方的国内基本需要，其生产计算数量可超过这个限额，超出部分至多为其1991年生产计算数量的10%。

3. 每一缔约方应确保，在2001年1月1日起的12个月期间，及其后每12个月期间，其附件E控制物质的消费计算数量每年不超过其1991年消费计算数量的50%。生产该物质的每一缔约方应确保其在这些时期内该物质的生产计算数量每年不超过1991年生产计算数量的75%。但为满足按照第5条第1款行事的缔约方的国内基本需要，其生产计算数量可超过这个限额，超出部分至多为其1991年生产计算数量的10%。

4. 每一缔约方应确保，在2003年1月1日起的12个月期间，及其后每12个月期间，其附件E控制物质的消费计算数量每年不超过其1991年消费计算数量的30%。生产该物质的每一缔约方应确保其在这些时期内该物质的生产计算数量每年不超过1991年生产计算数量的30%。但为满足按照第5条第1款行事的缔约方的国内基本需要，其生产计算数量可超过这个限额，超出部分至多为其1991年生产计算数量的10%。

5.1　每一缔约方应确保，在2005年1月1日起的12个月期间，及其后每12个月期间，其附件E控制物质的消费计算数量不超过零。生产该物质的每一缔约方应确保其在这些时期内该物质的生产计算数量不超过零。但为满足按照第5条第1款行事的缔约方的国内基本需要，其生产计算数量可超过这个限额，超出部分在2002年1月1日前至多为期1991年生产的计算数量的15%。此后超出部分可等于其1995年至1998年三年期间用于满足国内基本需要的附件E控制物质的年度平均生产量。本款应予实施，但缔约方决定为满足它们议定认为是必要的用而允许的生产量和消费量除外。

5.2 每一缔约方应确保，在2005年1月1日起的12个月期间，及其后每12个月期间，其用于满足按照第5条第1款行事的缔约方国内基本需要的附件E控制物质生产的计算数量每年不超过其1995年至1998年三年期间于满足国内基本需要的此类物质的年度平均生产量的80%。

5.3 每一缔约方应确保，在2015年1月1日起的12个月期间，及其后每12个月期间，其用于满足按照第5条第1款行事的缔约方内基本需要的附件E控制物质生产的计算数量不超过零 。

6. 本条下消费和生产计算数量应不包括缔约方用于检疫和装运前用途的数量。

第2I条 溴氯甲烷

1. 每一缔约方应确保，在2002年1月1日起的12个月期间，及其后每12个月期间，其附件C第三类控制物质消费和生产的计算数量不超过零。本款应予实施，但缔约方决定为满足议定书认为是必要的用途而允许的生产量或消费数量除外。

2. “工业合理化”是指为了达成经济效益或应付由于工厂关闭预期出现的供应短缺而由一个缔约方将其生产的计算数量的全部或部分转移给另一缔约方。

第3条 控制数量的计算

为第2条、第2A至2H条和第5条的目的，每一缔约方应确定附件A、附件B、附件C或附件E内每一类物质的下列计算数量：

1. 生产量，计算方法是：

（1）将每一种控制物质的每年生产量乘以附件A、附件B、附件C或附件E内所载该物质的消耗臭氧潜能值；

（2）就每一类物质，将乘积加在一起。

2. 进口量和出口量，计算方法与1项叙述的方法相同。

3. 消费量，计算方法是将其按照以上（1）和（2）两项确定的生产的计算数量加上进口的计算数量，再减去其出口的计算数量。不过，从1993年1月1日起，在计算出口缔约方的消费量时，不应再减去它向非缔约方出口的控制物质数量。

第4条 对与非缔约方贸易的控制

1.1 从1990年1月1日起，每一缔约方应禁止从非本议定书缔约方的任何国家进口附件 A 控制物质。

1.2　在本款生效之日起一年之内，每一缔约方应禁止从非本议定书缔约方的任何国家进口附件 B 控制物质。

1.3　在本款生效之日起一年之内，每一缔约方应禁止从非本议定书缔约方的任何国家进口任何附件 C 第二类控制物质。

1.4　在本款生效之日起一年之内，每一缔约方应禁止从非本议定书缔约方的任何国家进口附件 E 控制物质。

1.5　从 2004 年 1 月 1 日起，每一缔约方应禁止从非本议定书缔约方的任何国家进口附件 C 第一类控制物质。

1.6　在本款生效之日起一年之内，每一缔约方应禁止从非本议定书缔约方的任何国家进口附件 C 第三类控制物质。

2.1　从 1993 年 1 月 1 日起，每一缔约方应禁止从非本议定书缔约方的任何国家出口附件 A 控制物质。

2.2　自本款生效之日起一年之后，每一缔约方应禁止从非本议定书缔约方的任何国家出口附件 B 控制物质。

2.3　自本款生效之日起一年之后，每一缔约方应禁止从非本议定书缔约方的任何国家出口任何附件 C 第二类控制物质。

2.4　自本款生效之日起一年之后，每一缔约方应禁止从非本议定书缔约方的任何国家出口附件 E 控制物质。

2.5　从 2004 年 1 月 1 日起，每一缔约方应禁止从非本议定书缔约方的任何国家出口附件 C 第一类控制物质。

2.6　自本款生效之日起一年之后，每一缔约方应禁止从非本议定书缔约方的任何国家出口附件 C 第三类控制物质。

3.1　到 1992 年 1 月 1 日，缔约方应依照公约第 10 条规定的程序，在一附件内列出含有附件 A 控制物质的产品清单。未曾依照该程序对该附件提出异议的缔约方，应在该附件生效后一年内禁止从非本议定书缔约方的任何国家进口此种产品。

3.2　在本款生效之日起三年之内，缔约方应依照公约第 10 条规定的程序，在一附件内列出含有附件 B 控制物质的产品清单。未曾依照该程序对该附件提出异议的缔约方，应在该附件生效后一年内禁止从非本议定书缔约方的任何国家进口此种产品。

3.3　在本款生效之日起三年之内，缔约方应依照公约第 10 条规定的程序，在一附件内列出含有附件 C 控制物质的产品清单。未曾依照该程序对该附件提出异议的缔约方，应在该附件生效后一年内禁止从非本议定书缔约方的任何国家进口此种产品。

4.1 到1994年1月1日，缔约方应确定禁止或限制从非本议定书缔约方的国家进口以附件A所列控制物质制造但不含有此种物质的产品的可行性。如果确定可行，缔约方应依照公约第10条规定的程序，在一份附件内列出此种产品的清单。未曾依照该程序对该附件提出异议的缔约方，应在该附件生效后一年内，禁止或限制从非本议定书缔约方的任何国家进口此种产品。

4.2 在本款生效之日五年之内，缔约方应确定禁止或限制从非本议定书缔约方的国家进口以附件B所列控制物质制造但不含有此种物质的产品的可行性。如果确定可行，缔约方应依照公约第10条规定的程序，在一份附件内列出此种产品的清单。未曾依照该程序对该附件提出异议的缔约方，应在该附件生效后一年内，禁止或限制从非本议定书缔约方的任何国家进口此种产品。

4.3 在本款生效之日五年之内，缔约方应确定禁止或限制从非本议定书缔约方的国家进口以附件C第二类控制物质制造但不含有此种物质的产品的可行性。如果确定可行，缔约方应依照公约第10条规定的程序在一附件内列出此种产品的清单。未曾依照该程序对该附件提出异议的缔约方应在该附件生效后一年内，禁止或限制从非本议定书缔约方的任何国家进口此种产品。

5. 每一缔约方承诺在可行范围内尽量劝阻向非议定书缔约方的任何国家出口生产及利用附件A、B、C和E所列控制物质的技术。

6. 每一缔约方不应为了向非议定书缔约方的国家出口有助于生产附件A、B、C和E所列控制物质的产品、设备、工厂或技术而提供新的津贴、援助、信贷、担保或保险方案。

7. 第5款和第6款的规定不适用于可改进控制物质的密封、回收、再循环或销毁、可促进发展替代物质、或者以其他方式有助于减少附件A、B、C和E所列控制物质排放的产品、设备、工厂或技术。

8. 虽有本条的规定，非本议定书缔约方的任何国家如经缔约方会议确定充分遵守第2条、第2A至2I条以及以本条规定并已按照第7条规定提交数据以为佐证，则可以允许从并对该国作本条第1至第4之三各款所指的进口和出口。

9. 为本条的目的，“非本议定书缔约方的国家”一词，以任何特定的控制物质而言，应包括尚未同意受当时对该物质生效的控制措施约束的每一国家或区域经济一体化组织。

10. 各缔约方应在1996年1月1日以前审议是否对本议定书做出修正，以便将本条的措施扩大适用于与非议定书缔约方的国家就附件C第一类和附件E所列控制物质的贸易。

第4A条 对与缔约方贸易的控制

1. 如若一缔约方尽管已为履行《议定书》为之规定的各项义务而采取了所有切

实的步骤，但仍未能于适用于该缔约方的某一控制物质逐步停用日期之后停止为其国内消费目的，而不是经各缔约方商定属于必要用途的目的生产该物质，则它便应禁止出口经使用过、再循环和再生的这一物质，但用于销毁目的的此类物质除外。

2. 本条第1款应在不影响到《公约》第11条的适用和《议定书》第8条所规定的不遵守情事程序的条件下予以适用。

第4B条　许可证制度

1. 每一缔约方应于2000年1月1日或在本条对其正式生效后三个月之内，以其中较迟者为准，建立和实施对新的、使用过、再循环和再生的附件A、B、C和E所列管物质的进出口发放许可证的制度。

2. 尽管有本条第1款的规定，但任何按照第5条第1款行事的缔约方如若决定它不能建立并实施对附件C和E中所列管制物质的进出口发放许可证的制度，则该缔约方可以分别在2005年1月1日和2002年1月1日之前暂缓采取这些行动。

3. 每一缔约方应于实行这一许可证制度之后三个月之内，向秘书长汇报有关建立和实施这一制度的情况。

4. 秘书处应定期编制并向所有缔约方分发已向它汇报了其许可证制度运作情况的缔约方的名单，并将此资料转交履行委员会审议并向各缔约方提出适当的建议。

第5条　发展中国家的特殊情况

1.1　任何发展中国家缔约方，如果在本议定书对它生效之日或其后直至1999年1月1日止附件A所列控制物质每年的消费的计算量低于人均0.3公斤，为满足其国内基本需要应有权暂缓十年执行第2A至2E条规定的控制措施。但需任何对1990年6月29日伦敦缔约方第二会议通过的调整或修正做出的进一步修正只有本条第8款规定的审查进行之后才对按照本款行事的缔约方适用，并且这些修正必须依据该审查的结果。

1.2　缔约方应考虑到本条第8款所提及的审查、根据第6条所作的评估和其他任何有关资料，在1996年1月1日前按第2条第9款规定的程序，决定：

（1）就第2F第1至6款而言，对按本条第1款行事的缔约方在附件C第一类控制物质的消费方面应适用什么基准年、最初数量、控制时间表和淘汰日期。

（2）第2G条而言，对按本条第1款行事的缔约方，在附件C第二类控制物质的生产和消费方面适用哪一个淘汰日期。

（3）就第2H条而言，对按本条第1款行事的缔约方，在附件E控制物质的消费和生产方面应适用什么基准年、最初数量和控制时间表。

2. 不过，任何按照本条第1款行事的缔约方，其附件A所列控制物质的消费的计算数量不得超过年人均0.3公斤，其附件B所列控制物质的消费的计算量也不得超过年人均0.2公斤。

3. 在执行第2A至2E条所规定控制措施时，任何本条第1款行事的缔约方应有权使用：

（1）对于附件A所列控制物质，其1995至1997年每年消费的计算数量的平均值或消费的计算数量为人均0.3公斤，取其数值较低者作为确定其否其执行关于消费量的控制措施的基准。

（2）对于附件B所列控制物质，其1998至2000年每年消费的计算数量的平均值或消费的计算数量为人均0.2公斤，取其数值较低者作为确定其否其执行关于消费量的控制措施的基准。

（3）对于附件A所列控制物质，其1995至1997每年消费的计算数量的平均值或消费的计算数量为人均0.3公斤，取两者中数值较低者作为确定其否其执行关于消费量的控制措施的基准。

（4）对于附件B所列控制物质，其1998至2000年每年消费的计算数量的平均值或消费的计算数量为人均0.2公斤，取两者中数值较低者作为确定其否其执行关于消费量的控制措施的基准。

4. 按照本条第1款行事的缔约方，如在第2A至2I条所规定控制措施义务适用于该国之前的任何时候，发现不能获得充分的控制物质供应，可将此情况通知秘书处。秘书处应即将此项通知的副本转送各缔约方，缔约方应在其下一次会议时审议此事并决定采取何种适当行动。

5. 对于按照本条第1款行事的缔约方，增进其履行义务的能力以遵守第2A至2E和第2H条所规定控制措施和按本条1之二款决定的载于第2F至2H内的任何控制措施，以及这些缔约方执行这些措施，将取决于第10条所规定财务合作及第10A条所规定技术转让的有效实行。

6. 按照本条第1款行事的任何缔约方可在任何时候以书面通知秘书处：虽已采取一切实际可行的步骤，但由于第10条和第10A条没有充分执行，无法履行第2A至2E条和第2H条所规定的任何或全部义务或按本条第1之二款决定的载于第2F至2H条内的任何全部义务。秘书处应即将该项通知的副本转送各缔约方，缔约方应充分考虑到本条第5款，在其下一次会议时审议此事并决定采取何种适当行动。

7. 在递送通知到缔约方开会对以上第6款所指的适当行动作出决定之前这段时间，或在缔约方会议决定的更长一段时间内，不应对发出通知的缔约方引用第8条所指的不遵守情事程序。

8.1　缔约方会议应至迟于1995年审查按照本条第1款行事的缔约方的情况，包括财务合作的有效执行和给它们的技术转让并对适用于这些缔约方的控制措施进度采取可能认为必要的订正。

8.2　根据上文第8款所述审查的结论：

（1）就附件A所列控制物质而言，按本条第1款行事的缔约方为满足其基本国内需要，有资格在遵守于1990年6月29日在伦敦召开的缔约方第二次会议所通过的控制措施方面延缓十年，《议定书》中对第2A和第2B条的提法也应做相应调整。

（2）就附件B所列控制物质而言，按本条第1款行事的缔约方为满足其基本国内需要，有资格在遵守于1990年6月29日在伦敦召开的缔约方第二次会议所通过的控制措施方面延续十年，《议定书》中对第2A和2B的提法也应做相应调整。

8.3　根据以上第1之二款：

（1）每一按本条第1款行事的缔约方应确保，在2016年1月1日起的十二个月期间内，及其后每十二个月期间，其附件C第一类控制物质的消费计算数量每年不超过其2015年消费计算数量；自2016年1月1日起，按本条第1款行事的每一缔约方应遵守第2F条第8款规定的控制措施，并应使用2015年生产和消费计算数量的平均数，作为遵守这些控制措施的基础。

（2）每一按本条第1款行事的缔约方应确保，在2040年1月1日起的十二个月期间内，及其后每十二个月期间，其附件C第一类控制物质的消费计算数量不超过零。

（3）每一按本条第1款行事的缔约方遵守第2G条。

（4）关于附件E所列控制物质：

①每一按本条第1款行事的缔约方应于2002年1月1日遵守第2H条第1款规定的控制措施，并分别采用其在1995年初至1998年底这一期间内每年生产和消费计算数量的平均数作为其遵守这些控制措施的依据；

②每一按本条第1款行事的缔约方应确保在2005年1月1日起的十二个月期间，及其后每十二个月期间，其附件E控制物质的消费和生产计算数量每年分别不超过其1995至1998年的消费和生产计算数量；

③每一按本条第1款行事的缔约方，在2015年1月1日起的十二个月期间，及其后每十二个月期间，其附件E控制物质的消费和生产计算数量不超过零，除各缔约方决定允许必要的生产或消费数量以满足它们所商定的必要用途外，本款将予适用；

④本分款规定的消费和生产计算数量不应包括缔约方用于检疫和装运前用途的数量。

9. 本条4、6、7款所指缔约方各项决定的做出应按照在第10条之下做出决定所适用的同一程序。

第6条　控制措施的评估和审查

从1990年起，其后至少每四年一次，各缔约方应根据可以取得的科学、环境、技术和经济资料，对第2条、2E条第2A至2H条规定的控制措施进行评估。在每次评估的至少一年以前，各缔约方应召开上述有关领域的合格专家组会议，并决定任何此种专家组的组成及任务规定。专家组应于举行会议后一年内，通过秘书处向各缔约方报告其结论。

第7条　数据汇报

1. 每一缔约方应在成为缔约方之后的三个月内，向秘书处提供关于附件A所列第一种控制物质的1996年生产、进口和出口的统计数据；在没有确实数据时，则提供此种数据的最佳估计数据。

2. 每一缔约方应在议定书所载关于附件B、C和E物质的规定对该缔约方各自生效之日起三个月内秘书处提供有关下列附件中每一种控制物质的年生产、进口和出口的统计数据，在没有确实数据时，则提供此种数据的最佳估计数据：

—— 1989年，附件B以及附近C的第一和第二类；

—— 1991年，附件E。

3.1　每一缔约方应在关于附件A、B、C和E所列物质的规定对该国各自生效的那一年及以后每一年向秘书处提供附件A、B、C和E内所列每一种控制物质的年产量（根据第1条第5款的定义）统计数据，并为每一种物质分别提供下列数据：

—— 用作原料的数量；

—— 使用缔约方会议核准的技术加以销毁的数量；

—— 同缔约方和非缔约方的进出口数量；

每一缔约方应向秘书处提供用于检疫和装运前用途的附件E所列控制物质年产量的统计数。此种数据应在数据有关年度结束后九个月内提出。

3.2　每一缔约方应向秘书处提供关于其经过再循环的附件A第二类和附件C第一类所列每一种控制物质和每年进口和出口数量的单独统计数据。

4. 对按照第2条第8（1）款规定行事的各缔约方而言，如果有关的区域经济一体化组织汇报该组织与非该组织成员国之间的进出口数据，则本条第1、2、3和3之二款关于进口和出口的统计数据的要求应视为已经满足。

第8条 不遵守

缔约方应在其第一会议上审议并通过据以裁定不遵守本议定书规定情事及处理被查明不遵守规定的缔约方的程序及体制机构。

第9条 研究 发展 公众认识及资料交流

1. 各缔约方应从事合作，在符合其国家法律、规章和惯例的情况下，并特别顾及发展中国家的需要，直接地或通过主管国际机构来促进下述各方面的研究、发展及资料交流。

（1）改善控制物质的密封、回收、再循环或销毁，或以其他方式减少它们的排放的最佳技术；

（2）控制物质、含有此种物质的产品及以此种物质制造的产品的可能替代物。

（3）有关控制战略的费用与惠益。

2. 各缔约方应个别地、联合地或通过主管国际机构从事合作，在控制物质和其他消耗臭氧物质的排放对环境的影响方面增进公众认识。

3. 在本议定书生效后两年内，及以后每两年，每一缔约方应秘书处递交一份其依据本条规定进行的活动简报。

第10条 财务机制

1. 缔约方应设置一个机制，向按照本议定书第5条第1款行事的缔约方提供财务及技术合作，包括转让技术在内，使这些国家能够执行议定书第2A至2E条和第I条所规定的控制措施以及依据第5条第1之二款决定的第2F至2H的任何控制措施。对该机制的捐款应当是在对按照该款行事的缔约方的资金转让之外的其他捐款。这个机制应支付这类缔约方的一切议定的递增费用，使它们能够执行议定书的控制措施。缔约方会议应就递增费用类别的一份指示清单作出决定。

2. 按第1款设置的机制应包括一个多边基金。该机制还包括其他多边、区域和双边合作的办法。

3. 这个多边基金应：

（1）斟酌情形作为赠款或作为减让性款项，并按照待由缔约方通过的准则，支付议定书的递增费用。

（2）提供交换所经费从事下列任务：

①通过国别研究及其他技术合作，协助按照第5条第1款行事的缔约方确定其合作需要；

②有助于技术合作，以满足所确定的需要；

③按第9条规定分发资料及其他有关材料，举办讲习班、训练班及其他有关活动，以利于发展中国家缔约方；

④有助于及监测发展中国家缔约方可取得的其他多边、区域和双边合作。

（3）提供多边基金秘书处事务费用及有关资助费用。

4. 多边基金应在缔约方权力下运作，缔约方应决定基金的全盘政策。

5. 缔约方应设立一个执行委员会制定并监测具体业务政策、指导方针和行政安排的实施，包括资源的支配，以达成多边基金的目标。执行委员会应在国际复兴开发银行（世界银行）、联合国环境规划署、联合国开发计划署或其他适当机构各按其专门领域提供合作和协助下，履行缔约方议定的委员会职权范围内载明的任务和职责。执委委员会的成员应在按照第5条第1款行事的缔约方和非按该条款行事的缔约方享有均衡代表权的基础上推选，由缔约方会议认可。

6. 多边基金的资金应来自非按第5条第1款行事的缔约方根据联合国会费分摊款比额表以可自由兑换货币或在某些情况下以实物和/或本国货币作出的捐献。其他缔约方捐款应予以鼓励。双边合作以及缔约方决定同意的某些区域合作若符合缔约方的决定中载明的条件可在一定百分比内视为对多边基金的捐款，但这类合作须至少包括下列要点：

（1）与执行本议定书的规定切实相关；

（2）提供额外资金；

（3）用以支付议定的递增费用。

7. 缔约方应决定多边基金每一财政时期的方案预算并确定个别缔约方对该预算的捐款百分数。

8. 多边基金项下的资源应在受惠缔约方同意下拨付。

9. 在本条下的缔约方决定应尽量以协商一致方式作出。如果尽了一切谋求一致意见而仍然未有达成协议。则这些决定应以出席并参加表决的缔约方的三分之二多数票通过，但须在按照第5条第1款行事和非按该条款行事的出席并参加表决的缔约方两者中都获得多数票。

10. 本条所规定的财务机制不妨碍将来就其他环境可能作出的任何安排。

第10A条　技术转让

每一缔约方应配合财务机制支持的方案，采取一切实际可行步骤，以确保：

（1）现有最佳的、无害环境的替代品和有关技术迅速转让给按照第5条第1款行事的缔约方；

（2）以上（1）项所指的转让在公平和最优惠的条件下进行。

第 11 条　缔约方会议

1. 缔约方应定期召开会议。秘书处至迟应在本议定生效后一年内召开第一次缔约方会议，如在此期间适逢召开公约缔约方会议，则与其衔接举行。

2. 其后的缔约方常会，除非缔约方另有决定，应与公约缔约方会议衔接举行。缔约方的非常会议，应在一次缔约方会议认为必要的其他时间举行，或者应任何一个缔约方的书面请求举行，但须在秘书处将该项请求转送各缔约方后六个月内至少获三分之一缔约方支持该项请求。

3. 缔约方应在其第一次会议上：

（1）以协商一致方式通过其会议的议事规则；

（2）以协商一致方式通过第 13 条第 2 款所指的财务细则；

（3）设置第 6 条规定的专家组并确定其任务规定；

（4）审议并通过第 8 条所规定的程序及体制机构；

（5）开始依据第 10 条第 3 款制订的工作计划（所述的第 10 条是 1987 年通过的原本议定书第 10 条）。

4. 缔约方会议的职责是：

（1）审查本议定书的执行情况；

（2）决定第 2 条第 9 款所指的调整或削减；

（3）按照第 2 条第 10 款决定应否对任何附件物质清单作出任何添加、增入或删除并决定有关的控制措施；

（4）必要时为第 7 条和第 9 条第 3 款所规定的资料汇报制定准则或程序；

（5）审查按照第 10 条第 2 款提出的技术援助请求；

（6）审查秘书处依据第 12 条（3）项规定编制的报告；

（7）按照第 6 条，评估控制措施；

（8）视需要审议并通过有关修正本议定书或其附件的提案或有关新附件的提案；

（9）审议并通过用于执行本议定的预算；

（10）审议并采取为实现本议定书宗旨所需的任何其他行动。

5. 联合国及其各专门机构和国际原子能机构，以及任何非本议定书缔约方的国家，均可以观察员身份出席缔约方会议。任何组织或机构，无论是国家或国际性质、政府或非政府性质，只要在保护臭氧层有关领域具有资格，并向秘书处声明愿意以观察员身份出席缔约方会议，则除非有至少三分之一的出席缔约方表示反对，都可被接纳参加。观察员的接纳与参加应遵照缔约方通过的议事规则。

第12条　秘书处

为本议定书的目的，秘书处应：

（1）为第11条所规定的缔约方会议作出安排并提供服务；

（2）收取依据第7条提供的数据，并在缔约方请求时提供此种数据；

（3）根据按照第7条和第9条规定收到的资料，定期编制报告并向缔约方分发；

（4）通知缔约方依据第10条所收到的任何技术援助请求，以便利提供此种援助；

（5）鼓励非缔约方以观察员身份出席缔约方会议并按照本议定书规定行事；

（6）酌情向此种非缔约方观察员提供以上（3）和（4）项所指的资料和请求；

（7）履行缔约方为实现本议定书宗旨而可能指定的其他职责。

第13条　财务规定

1. 实施本议定书所需的经费，包括与本议定书有关的秘书处业务经费，应全部由缔约方的缴款支付。

2. 缔约方应在第一次会议上以协商一致方式通过本议定书业务的财务细则。

第14条　本议定书与公约的关系

除本议定书内另有规定外，公约中有关其议定书的各项规定应适用于本议定书。

第15条　签　字

本议定书应于1987年9月16日在蒙特利尔、1987年9月17日至1988年1月16日在渥太华，及1988年1月17日至9月15日在纽约联合国总部开放供各国及区域经济一体化组织签字。

第16条　生　效

1. 本议定书应于1989年1月1日生效，但届时必须已有至少占控制物质1986

年估计全球消费量三分之二的国家或区域经济一体化组织交存至少十一份批准、接受、核准或加入本议定书的文书，同时公约第 17 条第 1 款的各项规定亦已履行。如果这些条件在该日尚未满足，则本议定书应于这些条件满足之日以后的第九十天生效。

2. 为第 1 款的目的，一个区域经济一体化组织交存的任何文书，应不算作此种组织的成员国交存的文书之外另加的文书。

3. 在本议定书生效后，任何国家或区域经济一体化组织应于其交存批准、接受、核准或加入文书之日以后的第九十天成为本议定书的缔约方。

第 17 条　议定书生效后加入的缔约方

在不违背第 5 条的规定之下，在本议定书生效之日后加入的任何国家或区域经济一体化组织，应立即履行这个日期对本议定书生效之日成为缔约方的国家及区域经济一体化组织适用的第 2 条以及第 2A 至 2H 条和第 4 条下规定的全部义务。

第 18 条　保　留

对本议定书不得作出任何保留。

第 19 条　退　出

任何缔约方，可在履行第 2A 第 1 款所载义务满四年后的任何时候，经向存放机构提出书面通知，退出本议定书。退出应在存放机构接到通知起一年后生效，或在退出通知上指明的较后日期生效。

第 20 条　作准文本

本议定书原本应交存于联合国秘书长，其阿拉伯文、中文、英文、法文、俄文和西班牙文文本均为作准文本。

为此，下列全权代表，经正式授权，在本议定书上签字，以昭信守。

1987 年 9 月 16 日订于蒙特利尔。

附件 A

控制物质

类 别	物 质		消耗臭氧潜能值
第一类	$CFCl_3$	（CFC－11）	1.0
	CF_2Cl_2	（CFC－12）	1.0
	$C_2F_3Cl_3$	（CFC－113）	0.8
	$C_2F_4Cl_2$	（CFC－114）	1.0
	C_2F_5Cl	（CFC－115）	0.6
第二类	CF_2BrCl	（哈龙－1211）	3.0
	CF_3Br	（哈龙－1301）	10.0
	$C_2F_4Br_2$	（哈龙－2402）	6.0

＊ 这些消耗臭氧潜能值是根据现有知识的估计数，将对其进行期审查和修改。

附件 B

控制物质

类 别	物 质		消耗臭氧潜能值
第一类	CF_3Cl	（CFC－13）	1.0
	C_2FCl_5	（CFC－111）	1.0
	$C_2F_2Cl_4$	（CFC－112）	1.0
	C_3FCl_7	（CFC－211）	1.0
	$C_3F_2Cl_6$	（CFC－212）	1.0
	$C_3F_3Cl_5$	（CFC－213）	1.0
	$C_3F_4Cl_4$	（CFC－214）	1.0
	$C_3F_5Cl_3$	（CFC－215）	1.0
	$C_3F_6Cl_2$	（CFC－216）	1.0
	C_3F_7Cl	（CFC－217）	1.0
第二类	CCl_4	四氯化碳	1.1
第三类	$C_2H_3Cl_3$＊	1.1.1－三氯乙烷＊（甲基氯仿）	0.1

＊ 本分子式并不指 1.1.2 －三氯乙烷。

附件C

控制物质

类别	物质		导构体数目	消耗臭氧潜能值*
第一类	$CHFCl_2$	(HCFC－21)**	1	0.04
	CHF_2Cl	(HCFC－22)**	1	0.055
	CH_2FCl	(HCFC－31)	1	0.02
	C_2HFCl_4	(HCFC－121)	2	0.01～0.04
	$C_2HF_2Cl_3$	(HCFC～122)	3	0.02～0.08
	$C_2HF_3Cl_2$	(HCFC－123)	3	0.02～0.06
	$CHCl_2CF_3$	(HCFC－123)**	–	0.02
	C_2HF_4Cl	(HCFC－124)	2	0.02～0.04
	$CHFClCF_3$	(HCFC－124)**	–	0.022
	$C_2H_2FCl_3$	(HCFC－131)	3	0.007～0.05
	$C_2H_2F_2Cl_2$	(HCFC－132)	4	0.008～0.05
	$C_2H_2F_3Cl$	(HCFC－133)	3	0.02～0.06
	$C_2H_3FCl_2$	(HCFC－141)	3	0.005～0.07
	CH_3CFCl_2	(HCFC－141b)**	–	0.01
	$C_2H_3F_2Cl$	(HCFC－142)	3	0.008～0.07
	CH_3CF_2Cl	(HCFC－142b)**	–	0.065
	C_2H_4FCl	(HCFC－151)	2	0.003～0.005
	C_3HFCl_6	(HCFC－221)	5	0.015～0.07
	$C_3HF_2Cl_5$	(HCFC－222)	9	0.01～0.09
	$C_3HF_3Cl_4$	(HCFC－223)	12	0.01～0.08
	$C_3HF_4Cl_3$	(HCFC－224)	12	0.01～0.09
	$C_3HF_5Cl_2$	(HCFC－225)	9	0.02～0.07
	$CF_3CF_2CHCl_2$	(HCFC－225ca)**	–	0.025
	CF_2ClCF_2CHClF	(HCFC－225cb)**	–	0.033
	C_3HF_6Cl	(HCFC－226)	5	0.02～0.10
	$C_3H_2FCl_5$	(HCFC－231)	9	0.05～0.09
	$C_3H_2F_2Cl_4$	(HCFC－232)	16	0.008～0.10
	$C_3H_2F_3Cl_3$	(HCFC－233)	18	0.007～0.23
	$C_3H_2F_4Cl_2$	(HCFC－234)	16	0.01～0.28

续表

类别	物质		导构体数目	消耗臭氧潜能值*
第一类	$C_3H_2F_5Cl$	(HCFC－235)	9	0.03～0.52
	$C_3H_3FCl_4$	(HCFC－241)	12	0.004～0.09
	$C_3H_3F_2Cl_3$	(HCFC－242)	18	0.005～0.13
	$C_3H_3F_3Cl_2$	(HCFC－243)	18	0.007～0.12
	$C_3H_3F_4Cl$	(HCFC－244)	12	0.009～0.14
	$C_3H_4FCl_3$	(HCFC－251)	12	0.001～0.01
	$C_3H_4F_2Cl_2$	(HCFC－252)	16	0.005～0.04
	$C_3H_4F_3Cl$	(HCFC－253)	12	0.003～0.03
	$C_3H_5FCl_2$	(HCFC－261)	9	0.002～0.02
	$C_3H_5F_2Cl$	(HCFC－262)	9	0.002～0.02
	C_3H_6FCl	(HCFC－271)	5	0.001～0.03
第二类	$CHFBr_2$		1	1.00
	CHF_2Br	(HCFC－22B1)	1	0.74
	CH_2FBr		1	0.73
	C_2HFBr_4		2	0.3～0.8
	$C_2HF_2Br_3$		3	0.5～1.8
	$C_2HF_3Br_2$		3	0.4～1.6
	C_2HF_4Br		2	0.7～1.2
	$C_2H_2FBr_3$		3	0.1～1.1
	$C_2H_2F_2Br_2$		4	0.2～1.5
	$C_2H_2F_3Br$		3	0.7～1.6
	$C_2H_3FBr_2$		3	0.1～1.7
	$C_2H_3F_2Br$		3	0.2～1.1
	C_2H_4FBr		2	0.07～0.1
	C_3HFBr_6		5	0.3～1.5
	$C_3HF_2Br_5$		9	0.2～1.9
	$C_3HF_3Br_4$		12	0.3～1.8
	$C_3HF_4Br_3$		12	0.5～2.2
	$C_3HF_5Br_2$		9	0.9～2.0
	C_3HF_6Br		5	0.7～3.3
	$C_3H_2FBr_5$		9	0.1～1.9

续表

类 别	物 质		导构体数目	消耗臭氧潜能值*
第二类	$C_3H_2F_2Br_4$		16	0.2 ~ 2.1
	$C_3H_2F_3Br_3$		18	0.2 ~ 5.6
	$C_3H_2F_4Br_2$		16	0.3 ~ 7.5
	$C_3H_2F_5Br$		8	0.9 ~ 1.4
	$C_3H_3FBr_4$		12	0.08 ~ 1.9
	$C_3H_3F_2Br_3$		18	0.1 ~ 3.1
	$C_3H_3F_3Br_2$		18	0.1 ~ 2.5
	$C_3H_3F_4Br$		12	0.3 ~ 4.4
	$C_3H_4FBr_3$		12	0.03 ~ 0.3
	$C_3H_4F_2Br_2$		16	0.1 ~ 1.0
	$C_2H_4F_3Br$		12	0.07 ~ 0.8
	$C_3H_5FBr_2$		9	0.04 ~ 0.4
	$C_3H_5F_2Br$		9	0.07 ~ 0.8
	C_3H_6FBr		5	0.02 ~ 0.7
第三类	CH_2BrCl	溴氯甲烷	1	0.12

* 在列出消耗臭氧潜能值的幅度时，为议定书的目的应使用该幅度的最高值。作为单一数值列出的消耗臭氧潜能值是根据实验室的测量计算得出的。作为幅度列出的潜能值是根据估算得出的，因为较不确定。幅度值涉及一个同质异构群的潜能值，其最高值是具有最大消耗臭氧潜能值的异构体的消耗臭氧潜能值估计数，最低值是具有最少消耗臭氧潜能值的异构体的潜能值估计数。

** 指明最大规模生产的物质，并为议定书的目的列出其消耗臭氧潜能值。

附件 D

含有附件 A 所列控制物质的产品清单*

产品**	海关编号
1. 汽车和卡车的空调器（不论是否构成车辆机件一部分）	
2. 家用和商用制冷和空调/热泵设备***	
例如： 冰箱 冷冻箱 减湿箱 水冷器 制冰机 空调和热泵	

续表

产品**	海关编号
3. 气溶胶产品，医疗用的除外	
4. 便携式灭火器	
5. 绝热板、绝热片及水管绝热套	
6. 预聚物	

* 本附件是由缔约方第三次会议根据议定书第 4 条第 3 款的要求于 1991 年 6 月 21 在内罗毕通过的。

** 但在作为个人和家庭用品批量运输或在通常免受海关检查的类似非商业情形下运输时不算。

*** 当含有附件 A 所列控制物质作为制冷剂和/或在产品的绝缘材料中时。

附件 E

控制物质

类 别	物 质		消耗臭氧潜能值
第一类	CH_3Br	甲基溴	0. 6

图书在版编目(CIP)数据

国外贷援款项目审计资料选编：全3册 / 审计署外资运用审计司，
审计署国外贷援款项目审计服务中心编著.
—北京：中国时代经济出版社，2013.6
ISBN 978-7-5119-1393-7
Ⅰ.①国… Ⅱ.①审… ②审… Ⅲ.①国际信贷－基本建设
项目－审计－资料－汇编－中国②经济援助－基本建设
项目－审计－资料－汇编－中国 Ⅳ.①F239.63

中国版本图书馆 CIP 数据核字(2012)第 320455 号

书　　名：国外贷援款项目审计资料选编：全3册
编　　著：审计署外资运用审计司
　　　　　审计署国外贷援款项目审计服务中心

出版发行：中国时代经济出版社
社　　址：北京市丰台区玉林里 25 号楼
邮政编码：100069
发行热线：(010)68320825　88361317
传　　真：(010)68320634　68320697
网　　址：www.cmepub.com.cn
电子邮箱：zgsdjj@hotmail.com
经　　销：各地新华书店
印　　刷：北京市荣海印刷厂
开　　本：787×1092 1/16
字　　数：1130 千字
印　　张：57.5
版　　次：2013 年 6 月第 1 版
印　　次：2013 年 6 月第 1 次印刷
书　　号：ISBN 978-7-5119-1393-7
定　　价：180.00 元